Brigitte et Jean-Pierre Perrin-Chattard

LA CUISINE FRANÇAISE

ÉDITIONS OUEST-FRANCE
13 rue du Breil, Rennes

Les photographies de cet ouvrage sont des auteurs, à l'exception des pages 2, 17, 35, 50, 74-75 : photo Hervé Champollion, des pages 3, 118 : photo Jean-Pierre Laverrière et des pages 94-95, 97, 103 : photo Roger Antoine.

En première de couverture
Version brochée :
Photo Valentin C., Hoaqui.

Version cartonnée : photo Explorer.

Quatrième de couverture :
Photo C. Herledan.

Cet ouvrage n'a pas la prétention de présenter l'ensemble des recettes françaises qui sont innombrables. Nous avons essayé de sélectionner celles qui vous seront les plus utiles et surtout les plus connues. Nous avons tenté de démystifier la « grande cuisine » et ses difficultés, en permettant à chacun, s'il suit à la lettre les indications, de réussir à coup sûr la recette de son choix. En effet, nombre de livres de cuisine existants ne permettent pas aux profanes de réaliser les merveilles annoncées car, soit le langage est trop technique, soit les ingrédients sont introuvables, trop nombreux ou trop onéreux. Nous n'avons pas simplifié mais expliqué des recettes parfois rebutantes par leur complexité. Quatre ans de travail ont abouti au livre que vous avez entre les mains. Nous avons procédé au démontage des multiples recettes existantes pour un même plat et conçu pour chacun une recette originale vous garantissant le résultat attendu. Ce travail étant particulièrement ingrat et fastidieux, nombre d'auteurs culinaires se contentent de changer un détail à une recette existante sans aller plus loin.

Toutes les recettes de cet ouvrage ont été testées et dégustées et nous pouvons affirmer que le résultat est garanti.

L'ouvrage de grande cuisine dit « de luxe » imposant et écrasant de suffisance avec son lexique de noms barbares et peu parlants est démodé. L'ère est au bon goût et à la simplicité.

Certains pourront nous en vouloir mais l'époque n'est plus où le temps permettait une recherche fastidieuse d'éléments introuvables.

Nous vous souhaitons de trouver ici de quoi réaliser vos plaisirs gourmands sans y consacrer la totalité des loisirs actuellement si rares qui vous sont accordés.

Ce livre n'est pas exhaustif, c'est pourquoi nous vous donnons un prochain rendez-vous.

A vos fourneaux.

Sauf indication contraire, les recettes sont prévues pour six personnes.

POTAGE JULIENNE

1 navet coupé en petits dés
2 blancs de poireaux coupés en rondelles (1/2 centimètre de longueur)
3 feuilles de cœur de chou blanchies et émincées y compris les côtes
250 g de pommes de terre coupées en petits dés
250 g de carottes coupées en petits dés
une poignée de haricots verts tronçonnés en morceaux d'un centimètre
une poignée de petits pois écossés
un oignon blanc haché grossièrement
une branche de persil
une branche de cerfeuil
une fine tranche de lard fumé
une gousse d'ail hachée menu
un bouquet garni (thym, laurier)
80 g de beurre
une cuillère à soupe d'huile d'arachide
sel, poivre

Dans une marmite à pot-au-feu, faire revenir dans un mélange beurre, huile, dans l'ordre suivant: les carottes, les navets, les pommes de terre, les lardons, les haricots verts, les petits pois, les feuilles de chou, les blancs de poireaux et l'oignon blanc. Lorsque les carottes (placées en premier) commencent à peine à dorer, mouiller de deux litres d'eau. Ajouter le bouquet garni, l'ail, le persil et le cerfeuil. Saler, poivrer. Porter à ébullition et laisser mijoter 40 minutes ou 20 minutes seulement s'il s'agit d'un autocuiseur. Servir chaud en soupière. On peut également agrémenter cette soupe de petits dés de tomates pas trop mûres épépinées ajoutées 5 minutes avant la fin de cuisson; une branche de basilic grossièrement hachée répartie en pluie au moment de servir peut également sublimer le goût de cette soupe.

POTAGE SAINT-GERMAIN

pois cassés 500 g
2 petits oignons blancs
20 cl de crème fraîche
croûtons frits au beurre

Placer les pois cassés cuits selon la recette du porc Saint-Germain dans un récipient neutre (verre ou terre cuite émaillée) et les réserver jusqu'au lendemain au réfrigérateur. Vous aurez ainsi obtenu une sorte de gelée verte que vous utiliserez de la manière suivante: faire frire, dans une poêle creuse à haut bord, dans un mélange de beurre et d'huile, deux petits oignons blancs jusqu'à ce qu'ils deviennent transparents. Ajouter ensuite la quantité voulue de gelée de pois et faire fondre à feu doux. Lorsque celle-ci sera redevenue liquide, incorporer 20 cl de crème fraîche. Rectifier l'assaisonnement et servir avec des croûtons frits au beurre. Vous pouvez éventuellement pour rendre plus fin votre potage, passer la purée de pois redevenue liquide, au chinois, selon la saison et la dureté des pois cassés.

SOUPE À LA CARCASSE D'OIE (OU DE CANARD)

1 carcasse d'oie ou de canard
1 chou vert bien pommé
5 pommes de terre à chair ferme
5 carottes
5 navets
2 gros oignons piqués chacun d'un clou de girofle
2 cuillères à soupe de graisse d'oie ou de canard
2 gousses d'ail
1 grosse poignée de haricots rouges
2 cuillères à soupe de semoule de maïs fine
sel, poivre
1 bouquet garni (persil, thym, laurier)
1/2 verre de verjus (vin blanc aigre)
1 petit oignon blanc
croûtons de pain de méteil (pain fait à part égale de blé et de seigle) légèrement grillés et frottés d'ail

Mettre à tremper la veille les haricots rouges. Le lendemain, ôter les grosses feuilles extérieures du chou, blanchir le cœur dix minutes à l'eau bouillante. Dans une grande marmite, remplie à moitié d'eau modérément salée et poivrée, détailler les pommes de terre, les carottes et les navets. Y plonger les oignons piqués chacun d'un clou de girofle, l'ail et les haricots rouges et enfin le chou préalablement blanchi. Ajouter le bouquet garni, un filet de verjus et une cuillère à soupe de graisse d'oie. Ecumer si besoin est. Lorsque vos légumes sont à moitié cuits (un quart d'heure), incorporer la carcasse détaillée en morceaux. Cuire trois quarts d'heure à tout petit bouillon en écumant de temps à autre. Pendant la cuisson de votre soupe, faire dorer dans une poêle avec la deuxième cuillère de graisse d'oie le petit oignon blanc coupé en petits morceaux, ajouter les deux cuillères de semoule de maïs. Faire roussir légèrement puis déglacer avec un filet de verjus. Verser le tout dans la marmite de la soupe un quart d'heure avant la fin de cuisson. Servir brûlant sur les croûtons de pain de méteil. Vous pouvez remplacer le pain de méteil par un bon pain de seigle légèrement grillé.

SOUPE À L'AIL

5 gousses d'ail émincées
10 g de beurre
2 cuillères à soupe d'huile
50 g de riz
une pomme de terre moyenne
un bouquet garni (thym, laurier)
2 branches de persil
sel de céleri
sel, poivre.

Faire revenir, sans jamais noircir, l'ail et le riz dans les corps gras. Noyer d'un litre d'eau, ajouter la pomme de terre coupée en lamelles et le bouquet garni, saler et poivrer, porter à ébullition et laisser frémir 20 minutes. Passer au presse-purée. Servir saupoudré de persil haché et accompagné d'un peu de sel de céleri.

SOUPE À L'OIGNON GRATINÉE

500 g d'oignons roux émincés
une grosse pomme de terre coupée en huit
250 g de gruyère râpé

Soupe à la carcasse d'oie ou de canard

un demi-pain détaillé en tranches et grillé assez brun
un bouquet garni (thym et laurier)
25 g de beurre
4 cuillères d'huile d'arachide
éventuellement un verre de vin blanc sec
sel, poivre.

Faire revenir les oignons à feu doux, dans le mélange de corps gras, dans une marmite en fonte jusqu'à obtention d'une belle couleur dorée. (Ne pas laisser noircir).

Mouiller ensuite d'un litre et demi d'eau bouillante.

Incorporer les morceaux de pomme de terre.

Saler, poivrer.

Laisser frémir vingt minutes avec le bouquet garni.

Ôter les morceaux de pomme de terre et les réduire en purée avant de les réincorporer à la soupe.

Placer l'ensemble dans un plat à gratin (ovale et en terre à four).

Disposer dessus les tranches de pain grillé.

Parsemer copieusement de gruyère râpé et gratiner à four moyen pendant vingt minutes sans laisser trop colorer.

SOUPE AU PISTOU

150 g de haricots verts tronçonnés en morceaux d'un centimètre
150 g de blancs de poireaux coupés en rondelles d'1/2 centimètre de longueur
150 g de carottes coupées en petits dés
150 g de navets coupés en petits dés
150 g de céleri-rave
150 g de pommes de terre coupées en petits dés
3 tomates pelées et épépinées
2 gousses d'ail hachées menu
un oignon blanc haché grossièrement
une branche de persil
une branche de cerfeuil
une fine tranche de lard fumé
un bouquet garni (thym, laurier)
un bouquet de basilic
200 g de coudes (grosses coquillettes creuses)
80 g de beurre
200 g de gruyère sec râpé
une cuillerée à soupe d'huile d'olive
2 jaunes d'œufs
sel, poivre

Dans une marmite à pot-au-feu, faire revenir dans un mélange beurre et huile, dans l'ordre suivant: les carottes, les navets, les pommes de terre, les lardons, les haricots verts, les blancs de poireaux, le céleri-rave, les tomates et l'oignon blanc. Lorsque les carottes (placées en premier) commencent à peine à dorer, mouiller de deux litres d'eau. Ajouter le bouquet garni, le persil, le cerfeuil et une branche de basilic. Saler, poivrer, porter à ébullition et laisser mijoter 45 minutes environ. Un quart d'heure avant la fin de cuisson, ajouter les coudes.

Entretemps, hacher finement à

la main, les feuilles de basilic restantes et piler l'ail au mortier. Mêler le tout avec de l'huile d'olive, 2 jaunes d'œufs et le gruyère râpé. Mélanger la sauce crémeuse obtenue hors du feu et au dernier moment avant de servir, à la soupe.

SOUPE À L'OSEILLE À LA CRÈME

400 g d'oseille à longues feuilles lavée et soigneusement équeutée
150 g de beurre
1 échalote grise hachée et pilée
1/2 gousse d'ail hachée et pilée
1 litre de lait
20 cl de crème fraîche liquéfiée au fouet
2 œufs entiers battus
6 tranches de pain de mie coupées en petits carrés (2 × 2 cm)
sel, poivre
1 branche de thym

Hacher finement l'oseille.

Dans une casserole en acier, faire revenir, dans 25 g de beurre, sans cesser de tourner, l'oseille, l'échalote et l'ail jusqu'à obtention d'une purée verte homogène.

Ajouter le lait et la branche de thym, saler et poivrer selon le goût et porter à ébullition.

Entre temps, faire dorer le pain de mie dans 125 g de beurre puis garder les croûtons obtenus au chaud dans un ravier de service (en terre de préférence).

Lorsque le potage est prêt, ôter la branche de thym, mélanger les œufs et la crème fraîche et les verser, hors du feu, dans la soupe en fouettant vivement.

Remettre quelques instants à feu doux en tournant sans arrêt, jusqu'à formation du velouté.

Servir immédiatement avec les croûtons à part dans leur ravier de service.

Soupe à l'oseille à la crème

SOUPE AUX RIWELE

Pour 4 à 6 personnes

500 g de queue de bœuf
500 g de plat de côtes de bœuf
2 gros os à moelle
2 belles carottes
2 navets
1 branche de céleri
1 oignon piqué d'un clou de girofle
un bouquet garni (thym, laurier)
sel, poivre
noix de muscade râpée
une cuillère à soupe d'huile d'arachide
cerfeuil et persil hachés
150 g de farine
3 œufs entiers
4 litres d'eau

Préparation du bouillon:

Dans l'eau froide salée et poivrée, plonger les viandes, les os à moelle préalablement salés à leurs extrémités, les légumes et le bouquet garni. Porter à ébullition et cuire à feu doux pendant 2 heures en écumant tous les quarts d'heure.

Préparation des riwele:

Placer dans une terrine, la farine, les œufs entiers battus en omelette avec du sel, une pincée de noix de muscade râpée et une cuillère d'huile d'arachide. Mélanger le tout du bout des doigts. Rassembler la pâte en boule et la placer au frais une demi heure. Ce temps écoulé, étaler la pâte sur une planche à pâtisserie jusqu'à l'obtention d'une abaisse de 2 à 3 mm d'épaisseur. Découper alors celle-ci en minces tronçons allongés (riwele). Prélever 2 litres d'eau de bouillon. Pocher les riwele, qui seront cuits lorsqu'ils remonteront à la surface. Disposer en soupière et garnir de rondelles de moelle que vous aurez extraites des os cuits dans le bouillon. Saupoudrer de cerfeuil et persil hachés. Servir brûlant.

Soupe aux riwele

SOUPE DE POISSONS (CORSE)

400 g de girelles
400 g de sarans
400 g de rascasses ou vives
400 g de dorades
400 g de demoiselles
400 g de congre ou murène
si possible quelques petits crustacés (crabes, cigales, étrilles ou langoustes)
sauce tomate ou mieux 1 kg de tomates fraîches bien mûres, pelées, épépinées et additionnées d'un morceau de sucre
un gros oignon
un poivron
3 gousses d'ail
20 cl d'huile d'olive
un litre de vin blanc sec ou rosé
fenouil, thym, laurier, persil, romarin
3 g de safran, sel, poivre paprika
un kg de pommes de terre

Faire frire dans une poêle l'oignon, le poivron coupé en lamelles, les gousses d'ail et un poisson de chaque espèce. Verser le tout dans la marmite qui servira à cuire la soupe. Ajouter 10 cl d'huile d'olive et retourner brièvement chaque poisson destiné à la soupe dans cette huile. Mouiller de vin blanc sec ou rosé. Accompagner d'un bouquet garni comprenant thym, laurier, romarin, fenouil et persil. Les tomates ou la sauce tomate viennent compléter l'ensemble. Ajouter un litre d'eau, les pommes de terre épluchées et laisser frémir doucement trente minutes.

Egoutter la chair des poissons ainsi que les pommes de terre et passer le tout dans un moulin et un tamis très fin, évitant ainsi les arêtes dangereuses dans votre soupe. Rectifier l'assaisonnement safran, paprika, sel, poivre et conserver à feu doux.

Entre temps, préparer la rouille qui est en l'occurrence une sauce constituée d'une mayonnaise accompagnée d'une purée de tomate et de piment rouge, légèrement éclaircie du bouillon constitué par la soupe elle-même.

Cette soupe sera servie avec des croûtons de pain frits ou grillés frottés d'ail et éventuellement avec du fromage.

VELOUTÉ DE CRESSON

une belle botte de cresson
2 pommes de terre (250 g)
un petit oignon (blanc de préférence)
sel, poivre
une pincée de thym effeuillé
2 cuillères à soupe de crème fraîche
un verre de lait selon goût.

Oter les plus grosses queues de votre cresson, éplucher vos pommes de terre et les couper en morceaux (3 cm × 3 cm). Cuire à la vapeur 20 minutes ou 10 minutes à l'autocuiseur après avoir légèrement salé, poivré et ajouté la pincée de thym et le petit oignon. Egoutter et passer au presse-purée très fin (ou mieux au mixer), en délayant avec soit du lait, soit du bouillon de cuisson jusqu'à obtention de la consistance voulue. Rectifier éventuellement l'assaisonnement et servir très chaud après avoir ajouté au dernier moment la crème fraîche. On peut accompagner ce velouté de quelques croûtons frits et beurrés.

VELOUTÉ DE POTIRON

1,250 kg de potiron (de préférence à peau orange)
un oignon
2 cuillères à soupe de crème fraîche
quelques grains de poivre
paprika
sel, poivre moulu
une ou deux gouttes de purée de piment (pour ceux qui aiment assez épicé)
75 cl de lait

Eplucher votre potiron et le détailler en gros dés (4 cm × 4 cm). Saler légèrement. Le mettre à cuire à la vapeur avec l'oignon, les grains de poivre et la branche de thym pendant 20 minutes ou 6 minutes à l'autocuiseur. Egoutter, retirer la branche de thym, les grains de poivre et l'oignon que vous jetez. Passer au presse-purée très fin (ou mieux au mixer) en délayant avec le lait. Placer à feu doux. Rectifier l'assaisonnement (paprika, sel, poivre et autres épices selon goût) et servir chaud après avoir incorporé au dernier moment la crème fraîche.

VELOUTÉ D'ASPERGES

un kg de pointes d'asperges
une grosse pomme de terre en huit morceaux
sel, poivre, paprika
10 cl de crème fraîche

Eplucher les parties dures des asperges. Cuire 20 minutes à l'eau bouillante, celles-ci étant à peine couvertes. Mixer les asperges et les morceaux de pomme de terre et passer au chinois. Relever l'assaisonnement de sel, poivre et paprika. Ajouter la crème fraîche et servir chaud avec des croûtons frits au beurre à peine dorés.

CRUDITÉS, SALADES, ENTRÉES

CONCOMBRE À LA CRÈME

1 beau concombre
une petite échalote grise réduite en pommade
4 cuillères à soupe d'huile d'arachide
10 cl de crème fraîche
3 cuillères à soupe de vinaigre de cidre ou de vin blanc
sel, poivre et une pincée d'estragon haché très finement
gros sel (une petite poignée)

Peler votre concombre, le couper en rondelles. Le mettre à dégorger environ une heure dans un saladier avec du gros sel. Rincer ensuite abondamment et sécher soigneusement. Préparer la sauce dans un bol à mayonnaise de la manière suivante:

— Placer la crème en premier.

— Délayer comme une mayonnaise avec l'huile d'arachide.

— Ajouter progressivement le vinaigre, l'échalote réduite en pommade et la pincée d'estragon.

— Saler, poivrer selon goût.

— Mélanger à cette sauce épaisse vos rondelles de concombre très soigneusement séchées. Servir en ravier assez rapidement.

POMMES À L'HUILE AUX LARDONS

1 kg de pommes de terre à chair ferme cuites à l'eau
200 g de lard fumé en tranches d'un centimètre d'épaisseur coupés en petits dés revenus trois minutes dans 5 cl d'huile d'arachide et égouttés
3 belles échalotes grises
10 cl d'huile d'arachide
5 cl de bon vinaigre de vin
2 branches de persil hachées finement
sel, poivre
éventuellement une cuillère à café de moutarde

Placer dans un saladier en les mélangeant les pommes de terre cuites coupées en rondelles et les lardons.

Dans un bol à sauce, disposer l'huile, le vinaigre, le sel, le poivre, la moutarde, le persil et les échalotes grises hachées. Fouetter vivement pour homogénéiser le mélange. Répartir la sauce sur le saladier. Tourner délicatement, laisser reposer une heure. Tourner une seconde fois et passer 5 minutes à four doux avant de servir.

POMMES DE TERRE À LA CRÈME

1 kg de pommes de terre à chair ferme cuites à l'eau
200 g de lard fumé en tranches d'un centimètre d'épaisseur coupées en petits dés revenues 3 minutes dans 5 cl d'huile
3 belles échalotes grises
10 cl d'huile d'arachide
5 cl de bon vinaigre de vin
1 branche d'estragon
20 cl de crème fraiche
sel, poivre

Placer dans un saladier en les mélangeant les pommes de terre cuites coupées en rondelles et les lardons.

Mesclin ou mesclou aux noix

Dans un bol à sauce, verser la crème, monter peu à peu avec l'huile une sorte de mayonnaise à laquelle vous incorporez le vinaigre. Ajouter les échalotes et l'estragon hachés, le sel, le poivre. Répartir la sauce sur le saladier. Mêler intimement aux pommes de terre les lardons et mettre à rafraîchir une heure avant de servir après un ultime mélange du tout.

MESCLIN OU « MESCLOU » AUX NOIX

C'est une salade composée comprenant plusieurs plants d'espèces différentes. Sa composition est habituellement de:

scarole	*pourpier*
romaine	*cerfeuil*
cresson	*persil simple*
doucette (mâche)	*cerneaux de noix*

La sauce est réalisée avec une cuillère à café rase de moutarde, de vinaigre de vin, du sel, du poivre et de l'huile de noix. On peut y ajouter éventuellement une tomate, une pomme rustique et une branche de céleri, le tout coupé en fines lamelles. On peut aussi mêler à la sauce un jaune d'œuf dur pilé. Bien mélanger le tout et servir très frais avec viandes et gibiers.

SALADE CAMPOMORAISE

6 tomates moyennes
50 g d'oignon rose haché (corse ou du midi)
2 œufs durs
une douzaine de filets d'anchois allongés à l'huile d'olive
une douzaine d'olives noires
une branche de persil haché
une cuillère et demie à soupe de moutarde
10 cl d'huile d'olive (de préférence) ou d'arachide
vinaigre de vin
sel, poivre

Couper vos tomates en rondelles en prenant soin d'ôter la partie ligneuse de la tige. Les disposer en deux épaisseurs sur un plat creux. Les parsemer d'oignon et de persil hachés. Décorer avec les œufs durs coupés en quatre ou en huit, les filets d'anchois et les olives noires.

Préparation de la sauce:

Dans un bol, placer la cuillère et demie de moutarde; tourner régulièrement en ajoutant l'huile à petits filets, puis le vinaigre, le sel et le poivre. Répartir régulièrement à la cuillère cette sauce sur les tomates.

SALADE DE HARICOTS VERTS

1 kg de haricots verts fins et sans fil

Pour la sauce:
une échalote grise ou un bel oignon blanc
3 branches de persil
10 cl d'huile d'olive de préférence
4 cuillères à soupe de vinaigre
une cuillère à café de moutarde
sel, poivre

Pour la cuisson:
un oignon blanc
une petite tomate ferme
un bouquet garni (une branche de thym, une petite feuille de laurier)
sel, poivre

Préparation des haricots verts:

Eplucher vos haricots verts de la manière suivante: pincer chaque

Salade de pissenlits au lard

extrémité afin d'enlever la tige et la pointe. Casser chaque haricot en son milieu de manière à repérer tout fil indésirable. Bien laver les haricots à l'eau chaude et les mettre à cuire dans une casserole d'eau bouillante salée et poivrée additionnée de l'oignon, de la tomate et du bouquet garni pendant 25 minutes ou 10 minutes s'il s'agit d'un autocuiseur. (Éviter une cuisson excessive qui ramolirait par trop vos légumes). Ôter le bouquet garni, la tomate et l'oignon. Egoutter rapidement vos haricots verts et laisser refroidir.

Préparation de la sauce:

Placer les ingrédients dans un bol à sauce (moutarde, huile, vinaigre, persil et échalotes hachées, sel, poivre). Fouetter vigoureusement et verser sur vos haricots verts que vous tournerez délicatement dans leur saladier. Vous pouvez éventuellement ajouter quelques rondelles de tomate.

SALADE DE TOMATES À LA PROVENÇALE

4 belles tomates
5 cl d'excellente huile d'olive (4 cuillères à soupe)
2 cuillères à soupe de vinaigre de vin vieux
2 gousses d'ail rouge
3 branches de persil
sel, poivre
1 grosse cuillère à café de moutarde
1 petite échalote grise (éventuellement)

Passer vos tomates quelques instants dans l'eau bouillante, puis les peler (épépiner si vous le souhaitez). Oter la partie de la queue, puis les couper en rondelles dans le sens de la hauteur. Disposer celles-ci dans un ravier.

Hacher finement ensemble l'ail et le persil, les essaimer sur les tomates que vous aurez au préalable légèrement salées et poivrées. Dans un bol, réunir l'huile, le vinaigre et la moutarde. Saler, poivrer assez fortement, fouetter vivement jusqu'à obtention d'un mélange homogène puis répartir sur la surface des tomates. On peut éventuellement ajouter au mélange ail, persil, une petite échalote grise. Servir de préférence après avoir conservé au frais pendant au moins une demi-heure.

SALADE DE MÂCHES À LA BETTERAVE

300 g de mâche
50 g de betterave rouge cuite
8 cl d'huile d'arachide
une petite échalote grise hachée menu
sel, poivre

Eplucher la betterave cuite et la couper en lamelles. Eplucher la mâche en ôtant la racine et les feuilles jaunies et abîmées. La laver soigneusement pour ôter tout gravier restant. Couper les plus grosses rosettes en deux. Sécher longuement en secouant (ne jamais presser dans un linge).

Préparation de la sauce:

Placer dans un bol à sauce, les ingrédients ci-avant précités (huile, vinaigre, sel, poivre, échalote). Fouetter vigoureusement. Mêler cette sauce dans le saladier à la mâche quelques minutes avant de servir. Ajouter au moment de présenter à table en tournant les lamelles de betterave.

SALADE D'ENDIVES AUX NOIX

3 belles endives (environ 450 g)
une cuillère à soupe de moutarde
10 cl d'huile (mélange d'huile d'arachide et d'huile de noix)
2 cuillères à soupe de vinaigre de vin vieux
une vingtaine de cerneaux de noix coupés en deux de préférence
une échalote grise finement hachée
sel, poivre

Trancher les trognons des endives et les effeuiller. Couper les feuilles trop grandes par leur milieu. Laver et égoutter soigneusement.

Préparation de la sauce:

Dans un bol à sauce, placer la moutarde, délayer à la cuillère en bois petit à petit avec l'huile jusqu'à obtention d'une consistance semblable à celle d'une mayonnaise; ajouter peu à peu le vinaigre. Lorsque les liquides ont tous été utilisés, saler, poivrer et incorporer l'échalote finement hachée, puis les morceaux de noix. Répartir la sauce sur la salade dans le récipient de service.

FRISÉE AUX LARDONS

un beau cœur de frisée bien blanc
une tranche de 150 g de lard de poitrine fumée coupée en petits dés
une échalote hachée menue
une cuillère et demie à soupe de vinaigre de vin
3 cuillères à soupe d'huile d'arachide
une cuillère à dessert de saindoux
sel, poivre

Eplucher et laver votre cœur de frisée et bien l'égoutter. Mélanger dans un saladier l'huile, le vinaigre, l'échalote, le sel et le poivre. Incorporer la salade et la tourner soigneusement pour l'imprégner de sauce. Juste avant de servir, faire blondir les petits lardons quelques instants dans une poêle où vous aurez fait fondre une cuillère à dessert de saindoux. Arroser du tout la salade et tourner rapidement.

SALADE DE PISSENLITS AU LARD

300 g de pissenlits
150 g de poitrine fumée maigre
100 g de lard gras demi-sel
3 cuillères à soupe de vinaigre
1 cuillère à café d'huile d'arachide
sel (une pincée plus ou moins grande selon la salinité du lard gras)
poivre (4 tours de moulin)
1/2 oignon blanc émincé (selon goût)

Faire tremper les pissenlits une demi-heure avant de les éplucher en les remuant vivement plusieurs fois pour les débarrasser du gros du sable et de la terre. Egoutter. Oter soigneusement toute trace de racine et de feuille abîmée. Couper les pissenlits en quatre par le milieu du cœur en conservant les infloraisons (boutons fleuraux en formation du pissenlit). Rincer à vive eau et laisser égoutter. Entre temps, couper en petits dés le lard de poitrine fumée et le lard gras demi-sel.

Tarte à l'oignon (ou Ziwelkueche)

Faire revenir les lardons dans une poêle en fonte à petit feu jusqu'à ce que les dés de lard gras aient pris une couleur beige dorée. Pendant la cuisson des lardons préparer dans un saladier la sauce suivante: 3 cuillères de vinaigre, 1 cuillère d'huile d'arachide, sel et poivre.

Fouetter cette sauce. Placer dans le saladier les pissenlits bien égouttés (et même éventuellement séchés au torchon) et selon goût l'oignon blanc émincé. Verser le contenu de la poêle sur la salade. Mélanger rapidement et servir chaud.

TARTE À L'OIGNON OU ZIWELKUECHE

6 à 8 personnes

Préparation de la pâte (pâte brisée salée):

300 g de farine de froment
150 g de beurre
8 à 10 g de sel fin
un œuf entier battu

Placer la farine dans une terrine. Creuser en son centre une fontaine et y placer le beurre ramolli (en menus morceaux), le sel et l'œuf battu. Mélanger délicatement les éléments petit à petit du bout des doigts. Lorsque ceux-ci sont mêlés, former une boule de pâte, puis la fraiser (cette opération consiste à travailler la pâte dans la paume des mains, par petits morceaux afin de la rendre bien lisse). Faire ensuite une grosse boule de pâte et laisser reposer au frais pendant quelques heures dans un linge légèrement fariné.

Préparation de la pâte:

la pâte préparée précédemment et bien reposée
300 g de fromage blanc à 60% minimum de matière grasse
300 g d'oignons émincés fins

100 g de poitrine fumée bien maigre
4 œufs entiers dont vous aurez séparé le blanc des jaunes
sel, poivre et noix de muscade râpée.

Dans une jatte, verser le fromage blanc. Saler, poivrer selon goût (saler modérément le lard fumé étant lui-même salé). Ajouter la muscade râpée (2 pincées), puis fouetter soigneusement le tout jusqu'à l'obtention d'une consistance crémeuse et laisser reposer. Etendre la pâte (celle-ci devant être d'un demi-centimètre d'épaisseur). En garnir un moule à tarte à bord de 3 cm, au préalable copieusement beurré. Piquer le fond à la fourchette et cuire à four moyen pendant 20 minutes. Entre temps, faire revenir ensemble dans le reste de beurre, l'oignon et le lard fumé. Lorsque les oignons sont devenus transparents, sans toutefois dorer, égoutter dans un chinois (passoire fine conique) le contenu de la poêle et l'incorporer délicatement au fromage blanc. Ajouter les jaunes d'œufs, bien mélanger, puis incorporer les blancs battus en neige très ferme, ceci pour éviter de les faire retomber. Lorsque votre pâte est cuite, verser dedans le mélange ainsi obtenu et remettre à four chaud (thermostat 7), 30 à 35 minutes le dessus de la tarte devant prendre une jolie teinte châtaigne régulière. Sortir du four. Démouler et servir brûlant.

TARTE FLAMBÉE (FLAMMEKÜECHE)

Préparation de la pâte à pain:
350 g de farine
10 g de sel fin
20 g de levure
10 à 20 cl d'eau
1 œuf entier

Dans une terrine, placer la farine en fontaine, casser l'œuf entier en son centre, saler, puis délayer avec un peu d'eau additionnée de la levure jusqu'à l'obtention d'une pâte ferme et peu collante; la fraiser (cette opération consiste à travailler la pâte dans la paume des mains par petits morceaux afin de la rendre bien lisse). Faire ensuite une grosse boule de pâte et laisser reposer près d'un calorifère pendant une heure dans un linge légèrement fariné.

Préparation de la garniture de la tarte flambée:
250 g de fromage blanc à 60 % de matière grasse
250 g d'oignons
150 g de poitrine fumée coupée en tout petits dés
20 g de beurre
1 cuillère à soupe d'huile d'arachide
sel, poivre

Tarte flambée (Flammekueche)

Dans une poêle en fonte, faire revenir 2 minutes dans le beurre et l'huile les lardons, puis ajouter les oignons émincés et les laisser suer jusqu'à ce qu'ils deviennent transparents. Laisser refroidir. Entre temps, étendre la pâte à pain jusqu'à obtention d'une abaisse d'un demi cm d'épaisseur sur une plaque à pâtisserie bien huilée, puis saisir à four chaud 5 minutes. Sortir et répartir dessus les oignons et les lardons. Mélanger le fromage blanc au sel, au poivre et au thym effeuillé et badigeonner la tarte flambée de ce mélange. Mettre à four très chaud (four à pain de préférence ou à défaut four à gaz à thermostat 10) pendant environ un quart d'heure et jusqu'à ce que les côtés de la pâte prennent la couleur de pain brûlé.

QUICHE LORRAINE

Pour 6 à 8 personnes

Préparation de la pâte brisée:

300 g de farine de froment
150 g de beurre
8 à 10 g de sel fin
un œuf entier battu

Placer la farine dans une terrine. Creuser en son centre une fontaine et y placer le beurre ramolli (en menus morceaux), le sel et l'œuf battu. Mélanger délicatement les éléments petit à petit du bout des doigts. Lorsque ceux-ci sont mêlés, former une boule de pâte, puis la fraiser (cette opération consiste à travailler la pâte dans la paume des mains, par petits morceaux afin de la rendre bien lisse); faire ensuite une grosse boule de pâte et laisser reposer au frais pendant quelques heures dans un linge légèrement fariné.

Préparation de la quiche:

la pâte préparée précédemment et bien reposée
4 œufs moyens entiers battus en omelette
250 g de fromage blanc (60% minimum de matière grasse)
200 g de lard fumé coupé en petits dés
une tranche épaisse (150 g) de jambon torchon coupée en petits dés
une petite pincée de thym effeuillé
un soupçon d'oignon réduit en purée au mortier
une râpure de noix de muscade
sel, poivre

Dans une jatte, mélanger les œufs battus en omelette, le fromage blanc, les petits dés de lard fumé et de jambon, la purée d'oignon, la râpure de noix de muscade, la pincée de thym effeuillé, le sel et le poivre. Etendre la pâte (celle-ci devant être d'un demi-centimètre d'épaisseur). En garnir un moule à tarte à bord de 3 centimètres au préalable copieusement beurré. Piquer le fond à la fourchette et cuire à four moyen pendant 20 minutes. Lorsque votre pâte est cuite, verser la garniture précédemment préparée en répartissant bien les petits lardons et les petits dés de jambon. Remettre à four moyen (thermostat 6 à 7) pendant une demi-heure environ. La surface devant prendre une belle couleur marron doré. Servir brûlant avec une salade verte.

TARTE AUX POIREAUX (OU FLAMICHE)

Pour 6 à 8 personnes:

Préparation de la pâte brisée:
300 g de farine de froment
150 g de beurre
8 à 10 g de sel fin
un œuf entier battu

Placer la farine dans une terrine. Creuser en son centre une fontaine et y placer le beurre ramolli (en menus morceaux) le sel et l'œuf battu. Mélanger délicatement les éléments du bout des doigts. Lorsque ceux-ci sont mêlés, former une boule de pâte, puis la fraiser (cette opération consiste à travailler la pâte dans la paume des mains, par petits morceaux afin de la rendre bien lisse), faire ensuite une grosse boule de pâte et laisser reposer au frais pendant quelques heures dans un linge légèrement fariné.

Préparation de la tarte:
la pâte préparée précédemment et bien reposée
un bel oignon blanc
6 blancs de poireaux coupés en deux dans le sens de la longueur et coupés en tronçons de 5 centimètres
50 g de beurre
250 g de fromage blanc (60% minimum de matière grasse ou additionné de crème fraîche)
4 œufs dont les jaunes seront battus en omelette et les blancs en neige
une tranche de lard fumé de 100 g hachée menu
une petite pincée de thym effeuillé
une râpure de noix de muscade
sel, poivre

Dans une poêle en fonte creuse, faire blanchir au beurre les blancs de poireaux et l'oignon blanc. Lorsqu'ils sont blanchis (oignon transparent et blancs de poireaux crémeux), ajouter le lard haché. Faire rissoler encore quelques instants. Saler et poivrer. Etendre la pâte (celle-ci devant être d'un demi-centimètre d'épaisseur). En garnir un moule à tarte à bord de 3 cm au préalable copieusement beurré. Piquer le fond à la fourchette et cuire à four moyen pendant 20 minutes. Pendant la cuisson de la pâte, mélanger les jaunes d'œufs et le fromage blanc additionné de la pincée de thym, de sel, de poivre et d'une râpure de noix de muscade. Battre les blancs en neige. Lorsque votre pâte est cuite, répartir dessus régulièrement les blancs de poireaux, le hachis d'oignon et le lard. Incorporer au mélange jaunes d'œufs, fromage blanc, les blancs d'œufs battus en neige et répartir ce mélange sur la pâte déjà garnie des blancs de poireaux, du hachis d'oignon et de lard juste avant d'enfourner. Remettre à four moyen (thermostat 6 à 7) pendant une demi-heure environ, la surface devant prendre une belle couleur dorée. Servir brûlant.

FOIE GRAS FRAIS DU PÉRIGORD

1 foie d'oie, le plus pâle possible sans que toutefois la couleur ne vire au jaune. Le foie parfait sera crème rosé très clair
10 g de sel pour 500 g de foie

Foie gras frais du Périgord

BRUT

poivre blanc selon goût
1/2 verre à dégustation de bon cognac
1 belle truffe bien brossée
200 g de barde de lard fine

Oter le fiel et la peau extérieure du foie, ouvrir délicatement les lobes et retirer les nerfs ainsi que les vaisseaux sanguins qui pourraient s'y trouver. Saler (respecter scrupuleusement les quantités de sel, le poids de foie à prendre en considération étant celui du foie paré). Poivrer, mouiller de cognac et malaxer légèrement avant de tasser le foie dans une terrine. Placer le tout au frais pendant 24 heures (+ 4° à + 6°). Ce temps écoulé, sortir le foie gras de sa terrine et le pétrir doucement avec encore quelques gouttes de cognac. Laisser reposer au frais une heure pendant laquelle vous préparerez la terrine de cuisson en y disposant, au fond et sur les parois, la barde fine qui protégera le foie d'une trop grande chaleur. Lorsque le foie a bien redurci, le tasser soigneusement dans la terrine de cuisson. Couper les truffes pelées en dés réguliers puis, avec la lame fine et longue d'un couteau bien tranchant, ouvrir le foie dans le sens de la longueur en son milieu. Ecarter légèrement les bords de cette ouverture, glisser délicatement dans la fente ainsi pratiquée à mi-profondeur les morceaux de truffes. Refermer en tapotant du bout des doigts jusqu'à ce que la surface redevienne lisse. Couvrir d'un morceau de barde et fermer la terrine. Cuire au bain-marie dans le four pendant 35 minutes, l'eau ne devant jamais dépasser 80°.

Foie gras à l'alsacienne

FOIE GRAS À L'ALSACIENNE (TRADITIONNEL)

deux foies gras d'oie frais de 500 g environ bien épiaulés et dénervés
8 g de sel fin (additionné de 1/8 de poivre blanc très fin pilé soigneusement) pour chaque foie
60 g de truffes épluchées
5 cl de madère (ou à défaut de porto)
100 g de bardes très fines de lard gras
20 g de farine

Sur un marbre froid, pétrir ensemble les foies, le sel, le poivre et le madère jusqu'à obtention d'une boule ferme et homogène.

Placer le tout dans une terrine haute, recouvrir étroitement la surface de foie gras de papier sulfurisé et garder au frais au moins 12 heures.

Le délai expiré, garnir l'intérieur d'une terrine (de contenance correspondante) avec les bardes de lard gras.

Tasser le foie gras travaillé dans celle-ci et l'ouvrir avec une lame large à mi-profondeur dans le sens de la longueur.

Disposer dans l'incision les morceaux de truffes coupés en petits dés (1 cm × 1 cm environ).

Refermer l'ouverture et lisser la surface.

Placer le couvercle et le luter (rendre étanche avec la farine légèrement mouillée d'eau).

Cuire 45 minutes à four doux (thermostat 3) au bain-marie.

Laisser refroidir et garder au frais jusqu'au moment de servir.

Œufs en meurette

ŒUFS-SOUFFLÉS

ŒUFS EN MEURETTE

6 œufs extra-frais
une bouteille de vin de Bordeaux
un petit bouquet garni (thym, laurier, persil)
une cuillère à soupe rase de farine
un oignon blanc
une gousse d'ail
une belle échalote grise
100 g de beurre
sel, poivre
6 tranches de pain de mie

Faire pocher les œufs dans une casserole en acier contenant le vin rouge (c'est-à-dire le vin rouge étant frémissant, fendre les œufs hors de la casserole et ne libérer leur contenu qu'au ras de la surface du liquide de manière à ce que le blanc prenne instantanément et que le jaune reste enrobé). Cuire 3 minutes et demie. Sortir les œufs avec une écumoire et les plonger quelques instants dans l'eau froide pour arrêter la cuisson. Les remettre ensuite dans de l'eau chaude normalement salée, mais non bouillante en attendant la préparation de la sauce.

Ajouter dans la casserole contenant le vin: l'oignon blanc, l'échalote et l'ail hachés ainsi que le bouquet garni. Laisser frémir jusqu'à réduction de moitié du liquide. Pendant ce temps, manier 50 g de beurre avec la farine. Incorporer alors au liquide le beurre manié. Porter à ébullition légère une à deux minutes, puis ajouter le reste du beurre. Passer au chinois et verser sur les œufs bien égouttés au moment de servir. La présentation la plus agréable se fait sur des tranches de pain de mie frits et frottés à l'ail.

OMELETTE AUX FINES HERBES

Pour deux personnes:
4 œufs
un petit bouquet de ciboulette coupé aux ciseaux en tronçons d'un demi-centimètre
5 g de beurre
2 cuillères à dessert d'huile d'arachide
5 cl de crème fraîche
sel, poivre

Casser les œufs. Les battre en incorporant la crème fraîche, les fines herbes, le sel, le poivre. Faire chauffer la poêle avec le mélange huile beurre; lorsque celle-ci commence à fumer, verser vos œufs battus dans la poêle, cuire à feu moyen et servir l'omelette baveuse pliée en portefeuille sur le plat de service garni éventuellement de feuilles de salade.

OMELETTE AUX TRUFFES

Pour deux personnes:
4 œufs
1 belle truffe (20 g)
1 cuillère à dessert de graisse d'oie
5 cl de cognac
5 cl de crème fraîche
sel, poivre

Dans tous les cas, émincer votre truffe préalablement brossée et lavée. Si celle-ci est une truffe fraîche, faites-la macérer une heure dans du cognac et la cuire en rajoutant une quantité égale d'eau avant de porter à ébullition et de laisser refroidir. Si vous utilisez une truffe de conserve, contentez-vous de la faire macérer au cognac. Réserver quelques beaux morceaux pour décorer ultérieurement votre omelette.

Casser les œufs en laissant de côté un blanc d'œuf. Battre ce blanc en neige. Mélanger soigneusement avec la crème fraîche, les jaunes et les blancs restant en les fouettant vivement. Saler, poivrer. Incorporer les lamelles de truffes au blanc d'œuf battu en neige. Y ajouter une cuillère à dessert du liquide de cuisson des truffes (truffes fraîches) ou du liquide contenu dans le récipient de conservation (truffes au naturel).

Faire fondre la graisse d'oie dans une poêle et lorsqu'elle commence à fumer, y verser les œufs battus auxquels vous aurez mêlé délicatement au dernier moment le mélange œuf en neige-truffes.

Cuire vivement et servir pliée en portefeuille sur le plat de service garni de salade verte. Décorer avec les lamelles de truffes réservées à cet effet.

OMELETTE NORMANDE
(Mont Saint-Michel)

Pour deux personnes:

4 œufs
1 cuillère à soupe de crème fraîche
60 g de beurre
sel et poivre

Séparer les jaunes et les blancs.

Omelette aux truffes

Battre chaque élément séparément.

Saler et poivrer selon goût.

Dans une poêle émaillée, faire blondir 40 g de beurre.

Verser d'abord les jaunes et faire prendre en tournant doucement.

Lorsque les jaunes sont pris, tout en restant baveux, étaler la crème fraîche puis recouvrir avec les blancs battus.

Laisser prendre sans tourner.

Plier l'omelette et la servir sur un plat chaud, arrosée de beurre fondu (20 g).

N.B. Vous pouvez ajouter à votre gré, entre les deux faces, des fines herbes, des champignons étuvés ou du jambon.

OMELETTE AUX MORILLES

Pour deux personnes:
4 œufs
200 g de morilles petites et pointues de préférence
une cuillère à dessert de graisse d'oie ou 2 cuillères d'huile d'arachide ou 10 g de beurre
5 cl de crème fraîche
sel, poivre

Laver soigneusement vos morilles dans de l'eau légèrement vinaigrée et les couper selon grosseur dans le sens de la longueur. Casser les œufs en laissant de côté un blanc d'œuf. Battre ce blanc en neige; mélanger soigneusement avec la crème fraîche les jaunes et les blancs restants en les fouettant vivement. Saler, poivrer, incorporer les morilles au blanc d'œuf battu en neige. Faire fondre la graisse d'oie ou le corps gras choisi dans une poêle et lorsqu'elle commence à fumer, y verser les œufs battus auxquels vous aurez mêlé délicatement au dernier moment le mélange œuf en neige, morilles. Cuire vivement et servir pliée en portefeuille sur le plat de service. Vous pouvez éventuellement remplacer les morilles par des girolles ou autres champignons sauvages.

Omelette normande

SOUFFLÉ AU FROMAGE

70 g de beurre
50 g de farine
25 cl de lait
5 jaunes d'œufs (œuf de 70 g environ)
6 blancs d'œufs montés en neige
2 râpures de noix de muscade
100 g de comté râpé très fin
sel, poivre
une pincée de paprika éventuellement

Faire bouillir le lait. Entre temps, dans une casserole à fond épais, ramollir 50 g de beurre et y ajouter en pluie la farine sans cesser de tourner avec une spatule de bois. Mettre à feu doux et lorsque le mélange beurre-farine commence à mousser, verser dessus en fouettant le lait bouillant. Porter à ébullition (sans cesser de fouetter) puis couper les feux dès épaississement. Le mélange ayant légèrement refroidi, incorporer les jaunes d'œufs ainsi que le comté. Assaisonner de sel, de poivre, d'une pincée de paprika et de deux râpures de noix de muscade. Mettre de côté le temps de monter vos blancs en neige ferme et de beurrer copieusement jusqu'au bord supérieur un moule à souffé ; cette opération étant réalisée, mêler délicatement les blancs d'œufs à l'appareil à soufflé. Verser le tout dans le moule jusqu'aux trois-quarts de sa hauteur. Cuire vingt à vingt-cinq minutes à feu modéré (thermostat 5 à 6) pour permettre au soufflé de prendre toute son ampleur. Servir immédiatement. Le comté peut être remplacé par d'autres fromages (roquefort, gruyère ou cantal). D'autres soufflés notamment aux fruits de mer, aux champignons peuvent être réalisés avec la même recette de base.

SOUFFLÉ DE TRUITES À LA PÉRIGOURDINE

70 g de beurre
50 g de farine
25 cl de lait
5 jaunes d'œufs (œufs de 70 g environ)
6 blancs d'œufs montés en neige
100 g de truites fumées réduites en crème au pilon
2 râpures de noix de muscade
1 pincée de thym effeuillé
sel, poivre

Faire bouillir le lait. Entre temps, dans une casserole à fond épais, ramollir 50 g de beurre et y ajouter en pluie la farine sans cesser de tourner avec une spatule de bois. Mettre à feu doux et, lorsque le mélange beurre-farine commence à mousser, verser dessus en fouettant le lait bouillant. Porter à nouveau à ébullition (sans cesser de fouetter) puis couper les feux dès épaississement. Le mélange ayant légèrement refroidi, incorporer les jaunes d'œufs ainsi que la crème de truite fumée que vous avez préparée. Assaisonner de sel, poivre, d'une pincée de thym effeuillé et de deux râpures de noix de muscade.

Mettre de côté le temps de monter vos blancs en neige ferme et de beurrer copieusement jusqu'au bord supérieur un moule à soufflé. Cette opération étant réalisée, mêler délicatement les blancs d'œufs à l'appareil à soufflé. Verser le tout dans le moule jusqu'aux trois-quarts de sa hauteur. Cuire 20 à 25 minutes à feu modéré (thermostat 5 à 6) pour permettre au soufflé de prendre toute son ampleur. Servir immédiatement.

Soufflé de truites à la périgourdine

Langoustines mayonnaise.

CRUSTACÉS, MOLLUSQUES, COQUILLAGES, ESCARGOTS et GRENOUILLES

PLATEAU DE FRUITS DE MER

Si sa composition n'est définie par aucune règle stricte, celle-ci étant fonction des arrivages et des spécialités locales, sa présentation est partout la même: grand plateau, lit de goémons et éventuellement glace en été.

Il est d'usage de servir en accompagnement une mayonnaise, une vinaigrette à l'échalote et une sauce douce bretonne (cf. ci-après sauces d'accompagnement).

Le plateau qui vous est proposé est le plus complet possible bien qu'en soient exclus la langouste et le homard que chacun pourra y adjoindre selon l'état de ses finances.

Composition:

a) Coquillages et fruits de mer à manger crus:
18 huîtres plates (pleine mer et belon affinée)
18 huîtres creuses (dites portugaises, affinées ou non)
18 praires
18 palourdes
12 amandes de mer
18 coques (noires de Roscoff)
30 moules (bouchots)
12 oursins
b) Mollusques et crustacés à consommer cuits:
400 g bulots et bigorneaux
600 g crevettes grises, bouquets, crevettes roses
1,500 kg de langoustines et galathées (de l'une ou de l'autre)
tourteaux, étrilles et araignées (respectivement 1 kg à 1,500 kg, 500 g, 1 kg à 1,500 kg).

Préparation:

A. Pour l'ensemble des éléments.

Dans un seau d'eau de mer (de préférence) ou d'eau salée à 25 g par litre (sel gris de Guérande), brosser chaque élément pour ôter le sable, la vase et les éventuels débris végétaux.

B. Conserver les fruits de mer crus sous un linge humide jusqu'au moment de les ouvrir et de les parer (quelques minutes avant de servir).

C. Mollusques et crustacés à cuire (qui refroidiront pendant que vous préparerez les fruits de mer crus).

Plateau de fruits de mer ▶

Préparation du court-bouillon (unique pour l'ensemble):

7 litres d'eau de mer ou d'eau salée à 25 g par litre (sel gris de Guérande)
3/4 de litre de muscadet ou de gros plant
10 cl de vinaigre de cidre
1 morceau de sucre
1 gros oignon piqué de 2 clous de girofle
1 bouquet garni (thym, laurier, 1 branche de persil, une branche de passe-pierre, une branche de fenouil)
1 poignée de goémon
poivre (10 tours de moulin)

Porter à ébullition puis laisser frémir 30 minutes.

1) Cuisson des bulots et bigorneaux (ceux-ci doivent être cuits séparément): prélever sur l'ensemble 1 litre et demi de court-bouillon et y plonger les bulots et les bigorneaux. Porter de nouveau à ébullition, et laisser frémir 17 minutes. Egoutter.

2) Crevettes grises, bouquets, crevettes roses: rassembler le tout dans une poche en mousseline et plonger dans le court-bouillon frémissant pendant 8 minutes. Suspendre pour égoutter.

3) Langoustines et galathées: placer dans un panier métallique et cuire à gros bouillon 10 à 15 minutes selon grosseur en écumant une fois (ex: 10 cm = 10 mn; 15 cm = 15 mn).

Bien égoutter et laisser refroidir à température ambiante.

4) Tourteaux, araignées, étrilles: cuire 20 minutes à gros bouillons, en écumant quatre fois. Egoutter soigneusement.

Tourteaux et araignées seront présentés au centre du plateau de la manière suivante:

Séparer en soulevant avec une forte lame de couteau, les casiers (partie sur laquelle s'articulent les pattes) de la carapace dorsale.

Oter les branchies (petits pinceaux filandreux blancs ou grisâtres).

Enlever les peaux et l'écume rose en évitant, s'il y a lieu, de toucher au corail (orange ou rouge vif).

A l'aide d'un ciseau à volailles, séparer en quatre en laissant une paire de pattes attachée à chaque morceau. Séparer les pinces pour les présenter à part.

Nettoyer les carapaces et reconstituer les tourteaux et les araignées au centre du plateau.

D. Préparation des fruits de mer crus:

1) Ouverture des huîtres: utiliser un couteau de mareyeur (lame plate, forte, étroite et sans garde, longue de 8 cm, large de 1 cm, arrondie et rétrécie à son extrémité et semi-tranchante d'un côté). Attaquer la charnière postérieure de l'huître pour soulever la partie formant couvercle, puis faire progresser le tranchant du couteau vers l'avant de l'huître afin de couper le pied (muscle assurant la fermeture de l'huître). Soulever et séparer le couvercle du corps de l'huître. Débarrasser éventuellement le coquillage de tous débris de coquille et de toutes traces de vase ou de sable.

2) Ouverture des praires, palourdes, coques, amandes de mer et moules: utiliser un fort couteau à lame plate et large. Tenir fermement le coquillage dans le creux de la main horizontalement et faire pénétrer en force la lame du couteau (à proximité de la charnière pour les praires, palourdes, amandes de mer et coques et par le milieu de la partie aplatie pour les moules).

Opérer un mouvement tournant sur la longueur de la lame pour trancher les muscles de retenue des valves entre elles.

Rassembler la totalité du coquillage sur la valve inférieure et ôter la valve supérieure.

3) Préparation des oursins: utiliser une forte paire de ciseaux et couper les oursins aux deux tiers de leur hauteur à proximité de la partie buccale.

Rincer soigneusement l'intérieur et ne conserver que les glandes génitales (oranges) qui sont seules comestibles.

3. Sauces d'accompagnement:

a) Mayonnaise:

un jaune d'œuf (à température ambiante)
une cuillère à dessert de moutarde forte
20 cl d'huile d'arachide (maximum)
1/2 cuillère à café de vinaigre de cidre
3 pincées de sel
3 tours de moulin à poivre (réglé fin)

Mélanger le jaune d'œuf et la moutarde avec une cuillère en bois. Ajouter sans cesser de tourner l'huile d'arachide jusqu'à ce que vous ayez obtenu la quantité voulue avec la consistance souhaitée.

Incorporer le vinaigre puis le sel et le poivre; bien homogénéiser. Conserver au frais mais pas au réfrigérateur.

b) Vinaigrette à l'échalote:

15 cl de vinaigre de cidre ou de vin
3 belles échalotes grises hachées et pilées
1 cuillère d'huile d'arachide
2 pincées de sel fin
2 tours de moulin à poivre

Bien mélanger au fouet et laisser reposer à température ambiante pour sublimer le parfum de l'échalote.

c) Sauce douce de Bretagne:

10 cl de court-bouillon très froid, passé au chinois et à l'étamine
1 cuillère à soupe de vinaigre de vin blanc
2 jaunes d'œufs
1 cuillère à café de fines herbes hachées et pilées (ciboulette, ciboule, estragon, passe-pierre)
100 gr de beurre en petites noisettes, à température ambiante
1 pincée de sel fin et 2 tours de moulin à poivre réglé fin.

Préparer un bain-marie, battre ensemble dans une petite casserole répartissant bien la chaleur (cuivre étamé de préférence) les jaunes d'œufs, le court-bouillon, le vinaigre, les fines herbes, le sel et le poivre jusqu'à l'obtention d'une consistance mousseuse. Incorporer petit à petit les noisettes de beurre en continuant à battre modérément. La sauce prendra alors la consistance crémeuse souhaitée.

Tourteaux mayonnaise.

ÉCREVISSES À LA PÉRIGOURDINE

60 belles écrevisses
1 litre de verjus
1 pot de crème fraîche (50 cl)
1 bouquet garni (thym, persil, laurier)
1 cuillère à café de persil haché
1/2 verre de cognac
3 cuillères à soupe de graisse d'oie
3 belles échalotes grises émincées
1 gousse d'ail
1 grosse carotte en petits dés
1 petite tranche de lard fumé haché très fin
1 cuillère à soupe de pelures de truffe
sel, poivre

Laver soigneusement vos écrevisses. Les châtrer, c'est-à-dire ôter le boyau noir et amer en arrachant l'écaille centrale de la queue. Dans une grande sauteuse, faire revenir les échalotes hachées et les petits dés de carottes avec la graisse d'oie. Ajouter les écrevisses et les faire rougir à feu vif en prenant soin toutefois de ne pas brûler les échalotes et les carottes. Lorsque les écrevisses sont toutes uniformément rouges, arroser de cognac et flamber. Saler, poivrer et mouiller de verjus. Adjoindre le bouquet garni et l'ail haché et porter à ébullition dix minutes. Ensuite, baisser les feux. Incorporer la crème fraîche, les pelures de truffe, le persil et la tranche de lard fumé haché. Rectifier l'assaisonnement si besoin est. Mener doucement à ébullition, couvrir et laisser mijoter à tout petit bouillon vingt minutes. Oter le bouquet garni et servir sur chauffe-plat de préférence dans la sauteuse de cuisson. Ces écrevisses peuvent s'accompagner de pommes de terre ou mieux de truffes cuites sous la cendre.

ÉCREVISSES SAUCE ROUGE

trois douzaines d'écrevisses de taille moyenne
6 belles échalotes grises hachées
3 gousses d'ail
un bouquet garni (thym, laurier, romarin)
2 branches de persil
300 g de beurre
10 cl d'huile d'arachide
1 kg de tomates bien mûres, pelées, épépinées et pilées au mortier
sel, poivre
une demi-bouteille de bordeaux blanc sec (entre-deux-mers)
une pincée de paprika (éventuellement)
une pincée de cayenne

Laver soigneusement vos écrevisses. Les châtrer, c'est-à-dire ôter le boyau noir et amer en arrachant l'écaille centrale de la queue. Dans

Ecrevisses à la périgourdine

une grande marmite basse en fonte, faire chauffer 10 cl d'huile d'arachide et 50 g de beurre. Y faire revenir ensemble les écrevisses, les échalotes et l'ail hachés jusqu'à ce que les écrevisses aient rougi. Evacuer l'excédent de graisse. Déglacer et flamber la cocotte avec le cognac en tournant vivement pour ne pas griller les écrevisses. Mouiller de vin blanc. Incorporer les tomates en purée et le bouquet garni. Saler, poivrer. Couvrir et laisser cuire 20 minutes à feu doux en tournant plusieurs fois dès que le liquide est à ébullition. Découvrir et sortir les écrevisses. Les réserver au chaud sur le plat de service. Faire réduire en casserole, si besoin est, le contenu liquide de la marmite après l'avoir passé au chinois. Incorporer alors le beurre émietté en fouettant vivement. Rectifier selon goût l'assaisonnement (sel, poivre, éventuellement une pincée de paprika et de cayenne en poudre).

Verser la sauce brûlante sur les écrevisses. Saupoudrer modérément de persil haché avant de servir accompagné soit d'un riz blanc cuit à l'eau avec une gousse de vanille, soit de petites pommes de terre en robe des champs.

GRATIN DE QUEUES D'ÉCREVISSES À LA NANTUA

60 belles écrevisses
10 cl de crème fraîche
thym effeuillé
persil haché
1/2 verre de cognac (ou armagnac ou calvados)
400 g de beurre (dont 250 g pour la sauce)
4 cuillères à soupe d'huile d'arachide
2 beaux oignons blancs émincés
2 gousses d'ail émincées
2 échalotes grises émincées
250 g de gruyère râpé fin
sel, poivre
une pointe de cayenne
3 cuillères à soupe de farine
un litre de lait

Laver soigneusement vos écrevisses. Les châtrer, c'est-à-dire ôter le boyau noir et amer en arrachant l'écaille centrale de la queue.

Dans une grande sauteuse, faire revenir dans le mélange de beurre et d'huile: les oignons blancs, les gousses d'ail et les échalotes grises émincés jusqu'à ce qu'ils deviennent transparents sans toutefois blondir. Ajouter les écrevisses. Saupoudrer du persil et du thym effeuillé. Saler et poivrer. Ajouter une pointe de cayenne. Faire rougir à feu vif les écrevisses en prenant soin cependant de ne pas brûler les condiments. Lorsque les écrevisses sont toutes uniformément rouges, les retirer du feu et séparer les queues des têtes en les gardant au chaud avec la moitié des têtes (le reste pouvant être utilisé pour faire une bisque d'écrevisses).

Préparation de la sauce Nantua:

Préparer une béchamelle (celle-ci s'obtient en réalisant un roux blond auquel est ajouté le lait chaud, une réduction de quelques minutes permettant d'obtenir une consistance lisse et crémeuse, sans grumeaux, rendue parfaite par un passage au tamis), cette sauce de base étant prête, piler les queues et les carapaces des têtes d'une dizaine d'écrevisses avec un poids égal de beurre réduit en pommade. Passer au tamis très fin pour ôter tous morceaux de carapace. Ajouter à la béchamelle avec 10 cl de crème fraîche et éventuellement une petite tomate pelée et épépinée réduite en purée très fine. Rectifier l'assaisonnement: sel, poivre, paprika.

Lorsque cette sauce est prête, déglacer la sauteuse dans laquelle ont cuit les écrevisses avec le cognac et l'incorporer à la sauce Nantua en fouettant vivement. En napper les queues d'écrevisses disposées régulièrement sur un plat allant au four, saupoudrer de gruyère très fin et gratiner 20 minutes (thermostat 6) afin d'obtenir une couleur blond doré.

HOMARDS À LA CRÈME

2 homards de 800 g environ
1,500 kg de moules de bouchot
5 échalotes grises
3 gousses d'ail
1 bouquet garni (thym, laurier, passe-pierre)
3 branches de persil
50 cl de crème fraîche épaisse
50 g de beurre et 1 cuillère à soupe d'huile d'arachide
1 l de cidre
1/2 l de vin blanc sec (muscadet ou gros plant)
1 petit verre de calvados (10 cl)
sel, poivre

Préparation du fumet de la sauce:

Laver et gratter soigneusement les moules et les placer dans une casserole dans laquelle vous avez versé et fait frémir 1/2 litre de cidre et 1/4 de litre de vin blanc.

Hacher ensemble les échalotes, l'ail et le persil et répartir le tout sur les moules.

Saler.

Poivrer assez copieusement (5 tours de moulin).

Couvrir la casserole et cuire à feu vif pendant dix minutes en secouant plusieurs fois.

Lorsque la cuisson est terminée, sortir les moules avec une écumoire et préserver le jus.

Décortiquer les moules (en garder quelques-unes en coquille pour la décoration) et les conserver au chaud.

Découpe du homard:

Couper les homards vivants de la manière suivante:

a) Les tuer en fendant leurs coffres en deux dans le sens de la longueur en ayant soin de laisser les pinces attachées à chaque moitié de coffre. Retirer la poche à gravier et réserver la matière molle.

b) Faire éclater la carapace des pinces sans, toutefois, en séparer les éléments.

c) Couper la queue en tronçons réguliers dans le sens de la largeur.

Cuisson du homard:

Dans une cocotte en fonte émaillée:

— Faire fondre le beurre avec la cuillère d'huile.

— Faire rougir les morceaux de homard à feu doux (10 minutes) puis flamber, hors du feu, avec le calvados.

— Recouvrir les homards avec les restes du cidre et de vin blanc et ajouter le jus des moules passé au chinois.

— Incorporer le bouquet garni et faire réduire le mélange de 2/3 à feu moyen.

— Ajouter la crème (mélangée au fouet avec la matière molle) puis les moules décortiquées, et laisser épaissir quelques minutes.

— Oter le bouquet garni.

— Reconstituer les homards sur le plat de service et disposer autour, sur la crème, les moules que vous avez conservées dans leurs coquilles.

HOMARD À L'ARMORICAINE

2 homards de 800 g environ
6 belles échalotes grises
2 gousses d'ail
1 bouquet garni (thym, laurier, passe-pierre)
1 branche de persil
200 g de beurre

10 cl de lambig (eau-de-vie de cidre)
5 cl d'huile d'arachide
6 tomates bien mûres pelées, épépinées et pilées au mortier
4 ou 5 pincées de sel de mer fin; poivre (8 tours de moulin) selon goût
30 cl de muscadet

Découpe du homard:

Couper les homards vivants de la manière suivante:

a) Les tuer en fendant leurs coffres en deux dans le sens de la longueur en ayant soin de laisser les pinces attachées à chaque moitié de coffre. Retirer la poche à gravier et réserver la matière molle.

b) Faire éclater la carapace des pinces, sans toutefois en séparer les éléments.

c) Couper la queue en tronçons réguliers dans le sens de la largeur.

Cuisson du homard:

Dans une marmite en fonte, faire chauffer 5 cl d'huile d'arachide, y faire revenir les morceaux de votre homard jusqu'à ce qu'ils deviennent rouges. Egoutter soigneusement l'huile en excès.

Déglacer et flamber la cocotte avec le lambig. Ajouter l'échalote, l'ail et le persil hachés, la purée de tomate et le bouquet garni. Arroser avec le muscadet. Saler, poivrer. Couvrir et laisser cuire 20 minutes à feu doux. Ensuite, sortir votre homard et le garder au chaud dans le plat de service (plat creux de préférence de manière à ce que la sauce puisse baigner ultérieurement tous les morceaux).

Faire réduire de moitié le contenu liquide de la cocotte. Entre temps, piler le beurre avec le corail (ou matière molle). Lorsque la réduction du muscadet est obtenue, incorporer le mélange beurre-corail, petit à petit, dans la cocotte en fouettant modérément pour lier la sauce. La consistance souhaitée obtenue, passer la sauce au chinois, la verser sur les homards et servir immédiatement.

Ci-contre et ci-dessus:
Homard à l'armoricaine

HOMARD À LA NAGE

6 homards de 300 g environ

Préparation du bouillon:
un gros oignon
une gousse d'ail
une belle carotte
une tomate
2 blancs de poireaux
un bouquet garni (une feuille de laurier, une branche de thym, une branche de persil)
une branche de fenouil
un demi-citron non traité
une pincée de poivre de cayenne
une pincée de paprika
2 cuillères à soupe de moutarde
sel, poivre
une bouteille de vin blanc sec (muscadet ou gros plant) et deux fois son volume d'eau

Réunir dans un chaudron émaillé pas plus large que la longueur de vos homards, les ingrédients du court-bouillon. Porter à ébullition et laisser frémir doucement 30 minutes. Oter le bouquet garni et la branche de fenouil. Vérifier l'assaisonnement. Plonger les homards dans le bouillon et accélérer la cuisson pendant 10 minutes à feu moyen. Les servir dans le bouillon de cuisson en mettant à disposition de vos convives, un ravier contenant du persil simple haché très fin et une saucière de bon beurre fondu demi-sel. Ces homards peuvent également être servis froids accompagnés de sauce mayonnaise, sauce aurore ou sauce verte.

HOMARD GRILLÉ (OU LANGOUSTE)

3 homards ou langoustes de 800 à 900 g
une belle échalote grise réduite en pommade
une gousse d'ail réduite en pommade
2 branches de persil très finement hachées
une petite tomate bien mûre pelée, épépinée et réduite en purée
3 cuillères à soupe de moutarde
50 g de beurre
20 cl d'huile d'arachide ou d'olive
sel, poivre
une pincée de thym effeuillé par demi-homard ou langouste
une petite pincée de paprika
selon goût 5 cl de lambig (calvados) ou de cognac

Découpe du homard ou de la langouste:

Fendre et couper en deux dans le sens de la longueur vos homards ou langoustes. Oter dans chaque moitié la partie de poche à graviers et la jeter. Soulever de la même façon et réserver le corail (matière tendre gris verdâtre) contenu dans chaque demi-tête.

Préparation de la sauce de grillade:

Dans un bol à sauce, préparer une rémoulade avec la moutarde et l'huile. Après avoir réduit en crème au pilon le corail prélevé sur vos crustacés, incorporer celui-ci avec l'ail, le persil, l'échalote et la tomate préparés comme indiqué ci-avant. Rectifier l'assaisonnement avec le sel, le poivre, le paprika et la pincée de thym effeuillé; ajouter selon goût 5 cl de lambig (calvados) ou de cognac. Fouetter vivement pour bien homogénéiser l'ensemble, puis répartir sur la face intérieure des crustacés, avant de les mettre à griller posés sur leur dos et garnis d'une noisette de beurre à environ 10 centimètres du corps de chauffe pendant environ dix minutes, la surface devant commencer à prendre une belle couleur dorée mais sans noircir.

Servir très chaud accompagné de riz blanc légèrement vanillé.

MOULES À LA CANCALAISE

2,5 kg de moules de bouchot soigneusement lavées et grattées
8 gousses d'ail, 2 échalotes et un petit bouquet de persil, le tout finement haché ensemble
1 bouquet garni (thym, laurier, estragon)
1 litre de muscadet ou de gros plant
50 g de beurre demi-sel
poivre

Placer les moules dans une casserole émaillée.

Poivrer abondamment (huit tours de moulin).

Saupoudrer les moules avec les condiments hachés et le bouquet garni.

Arroser de vin blanc. Couvrir et cuire à feu vif 8 minutes. Secouer pour bien mélanger.

Ajouter le beurre en petits morceaux puis remettre à feu vif pendant 5 minutes.

Oter le bouquet garni et servir les moules dans leur jus.

Moules à la cancalaise

MOULES DIEPPOISES

2,5 kg de moules de bouchot soigneusement lavées et grattées
8 gousses d'ail, 2 échalotes et un petit bouquet de persil, le tout finement haché
1 bouquet garni (thym, laurier, estragon)
1 litre de bon vin blanc sec (muscadet, gros plant)
20 cl de crème fraîche
1 verre de cidre (25 cl)
sel et poivre
6 tranches de pain de mie coupées en deux
150 g de beurre

Verser dans une grande casserole émaillée le vin et le cidre et ajouter l'ail, les échalotes, le persil, le bouquet garni et 50 g de beurre.

Poivrer copieusement et saler légèrement (l'eau de mer contenue dans les moules est salée).

Porter à ébullition et laisser frémir cinq minutes.

Entre temps, faire tiédir la crème pour la liquéfier et faire dorer les croûtons dans le reste de beurre.

Les cinq minutes étant écoulées, verser les moules dans la casserole, couvrir puis secouer pour bien mélanger celles-ci à l'assaisonnement.

Cuire à feu vif pendant cinq minutes puis ajouter la crème et secouer de nouveau. Replacer à feu vif pendant cinq minutes.

Retirer le bouquet garni et servir dans son jus avec en garniture les demi-tranches de pain de mie dorées et un demi-citron ciselé.

CASSOLETTE DE SAINT-JACQUES À LA NORMANDE-PAYS DE CAUX

(portion individuelle)

2 coquilles saint-jacques bien coraillées
12 moules de bouchot soigneusement lavées et grattées
20 crevettes grises décortiquées
50 g de beurre
1 pincée de thym effeuillé
1 échalote grise hachée
1 pincée de paprika
sel et poivre
une cuillère à café de calvados
une cuillère à soupe de crème fraîche
1 tranche de pain de mie
1 gousse d'ail

Faire ouvrir les moules et garder leur jus.

Décortiquer les crevettes.

Bien nettoyer les coquilles en ne gardant que le muscle blanc et le corail.

Escaloper (couper dans l'épaisseur) les muscles.

Faire fondre le beurre (25 g) et y placer les morceaux de coquille avec les échalotes hachées et la pointe d'ail.

Moules dieppoises

Cuire à feu très doux six minutes sans laisser se colorer.

Flamber avec le calvados puis ajouter le jus des moules, les crevettes, la pincée de paprika et le thym effeuillé. Saler et poivrer.

Laisser réduire à feu moyen trois minutes.

Entre temps, faire dorer dans du beurre (25 g) la tranche de pain de mie.

Lier à la crème fraîche, ajouter les moules et servir dans un caquelon de terre très chaud avec une rondelle de citron et un croûton frit au beurre.

Cassolette de saint-jacques à la normande

COQUILLES SAINT-JACQUES À LA PARISIENNE

18 belles coquilles saint-jacques dont vous conserverez 6 coquillages dans lesquels sera préparé le mets
une livre de moules de bouchot soigneusement lavées et grattées
150 g de crevettes grises décortiquées
350 g de petits champignons de Paris coupés en deux
200 g de beurre
20 cl de muscadet ou autre vin blanc sec
3 gousses d'ail
2 grosses échalotes
2 branches de persil
sel, poivre, paprika (une pincée)
le jus d'un citron
3 cuillères à soupe de farine
15 cl de crème fraîche
150 g de chapelure
un verre de lait

Dans une casserole, faire ouvrir les moules en marinière, c'est-à-dire les parsemer d'échalotes, d'ail et de persil hachés, les saupoudrer légèrement de sel, de poivre, de paprika, les mouiller de vin blanc additionné de jus de citron et les accompagner de crème fraîche (5 cl) et d'un gros morceau de beurre. Les moules ainsi parées sont cuites à feu vif six minutes en les retournant deux fois. Décortiquer les moules et les garder au chaud. Passer le jus au chinois et le réserver. Bien nettoyer les coquilles en ne conservant que le pied et le corail. Dans une poêle creuse en fonte, faire revenir les coquilles saint-jacques et les champignons de Paris salés et poivrés avec une pincée d'ail, d'échalote et de persil hachés. Lorsque le tout commence à peine à dorer, mouiller de 5 cl de jus de cuisson des moules, couvrir et laisser mijoter à feu très doux pendant environ 5 minutes. Bien nettoyer et sécher les plus belles coquilles.

Préparation de l'enrobage:

Dans une casserole en acier à fond épais, faire un roux blanc avec la farine et 100 g de beurre. Lorsque le mélange a moussé quelques minutes, mouiller avec 20 cl de jus de cuisson des moules en veillant à ce qu'il ne soit pas trop salé et avec un verre de lait. Incorporer le reste de la crème fraîche. Vous obtiendrez alors une sauce ayant l'apparence d'une béchamel que vous laisserez épaissir quelques minutes à feu très doux.

Préparation finale:

Répartir régulièrement dans chaque coquillage, les saint-jacques et les champignons soigneusement dégraissés (papier absorbant ou torchon), les crevettes décortiquées et les moules. Vous pouvez éventuellement selon votre gourmandise, ajouter quelques quenelles de poisson (cf. recette). Vérifier la tenue de la sauce et son assaisonnement et l'allonger si besoin d'un petit peu de lait. Lorsque sa consistance est celle d'une crème épaisse et fluide à la fois, en napper les coquilles. Saupoudrer de chapelure et mettre immédiatement dans la partie la plus froide de votre réfrigérateur au moins une heure avant d'utiliser (mais pas dans le compartiment à glaçons). Placer ensuite à four chaud (thermostat 8) et faire gratiner jusqu'à couleur blonde environ 20 minutes.

COQUILLES SAINT-JACQUES À LA PROVENÇALE

18 belles coquilles saint-jacques
2 grosses tomates pelées, épépinées et pilées
2 belles gousses d'ail (rouge du Tarn de préférence)
herbes de Provence (thym, romarin)
sel, poivre
huile d'olive
5 cl de pastis

Bien nettoyer les coquilles en ne gardant que le muscle blanc et le corail, les faire sauter à l'huile d'olive dans une poêle creuse en fonte vivement quelques minutes. Lorsqu'elles sont grillées, jeter l'excédent d'huile, flamber avec le pastis, puis incorporer les tomates pilées. Saler et poivrer. Couvrir et laisser mijoter 5 minutes, ajouter ensuite les herbes de Provence et faire réduire de moitié avant de servir dans le poêlon de cuisson.

PALOURDES FARCIES

6 douzaines de palourdes de belle taille
300 g de beurre demi-sel (à température ambiante)
1 échalote et 3 gousses d'ail hachées et pilées
1 cuillère à soupe bombée de persil haché
1 pincée de sel
6 tours de moulin à poivre
1/2 verre de muscadet (5 cl)

Dans le mortier, où vous aurez pilé ensemble l'échalote et l'ail, ajouter le beurre, le muscadet, le persil, le sel et le poivre.

Battre soigneusement à la fourchette jusqu'à absorption totale du muscadet. Votre farce est prête.

Ouvrir les palourdes crues (cf. plateau de fruits de mer). Egoutter. Farcir la valve conservant la chair avec le mélange préparé ci-dessus.

Placer à four chaud (dans un plat en terre) pendant 10 minutes au maximum (servir dès que la farce est en ébullition).

Cette recette peut être utilisée

Palourdes farcies

pour la préparation de praires, amandes de mer, moules, pétoncles, etc.

ESCARGOTS À L'ALSACIENNE

6 douzaines d'escargots

Faire jeûner les escargots une semaine.

Les laver et les placer dans un récipient avant de les saupoudrer abondamment de gros sel et de farine pour les faire dégorger.

Bien les laver ensuite jusqu'à ce que toute matière gluante ait disparu.

Faire bouillir 3 litres d'eau salée.

Plonger les escargots dans cette eau, laisser reprendre l'ébullition puis couper les feux et laisser blanchir 8 minutes. Sortir à l'écumoire.

Plonger dans l'eau froide et égoutter.

Escargots à l'alsacienne

Sortir les animaux de leur coquille avec une pique à deux dents (fourchette à escargots).

Cuisson:

Préparer un court-bouillon avec les éléments suivants:

2 litres d'eau
75 cl de Riesling
2 carottes
1 oignon piqué d'un clou de girofle
2 échalotes grises coupées en deux
1 bouquet garni (thym, laurier, persil)
20 g de sel et 4 tours de moulin à poivre

Porter à ébullition, y plonger les escargots décoquillés et laisser frémir 45 minutes en écumant régulièrement. Entre temps, laver et sécher soigneusement les coquilles.

Préparation du beurre d'escargot:
300 g de beurre
3 gousses d'ail (15 à 20 g)
2 échalotes grises, le tout pilé
2 branches de persil hachées
12 g de sel fin additionné de 3 g de poivre noir moulu (4 tours de moulin).

Bien mélanger le tout dans un mortier (rectifier l'assaisonnement selon goût).

Préparation des escargots:

Bien égoutter et sécher (au torchon).

Prendre une coquille, introduire au fond un peu de court-bouillon, puis obturer avec un peu de beurre d'escargot.

Rencoquiller alors l'animal luimême qui poussera le beurre et le bouillon au fond de la coquille.

Refermer la coquille à ras bord avec un peu de beurre d'escargot.

Procéder ainsi pour chaque coquille.

Au moment de servir, disposer sur un plat à escargots et mettre à four chaud jusqu'à ce que le beurre soit mousseux.

ESCARGOTS DE BOURGOGNE

6 douzaines d'escargots

Faire jeûner les escargots une semaine.

Les laver et les placer dans un récipient avant de les saupoudrer

Escargots de Bourgogne

abondamment de gros sel et de farine pour les faire dégorger.

Bien les laver ensuite jusqu'à ce que toute matière grasse ait disparu.

Faire bouillir trois litres d'eau salée.

Plonger les escargots dans cette eau, laisser reprendre l'ébullition, puis couper les feux et laisser blanchir huit minutes. Sortir à l'écumoire.

Plonger dans l'eau froide et égoutter.

Sortir les animaux de leur coquille avec une pique à deux dents (fourchette à escargots).

Cuisson:
Préparer un court-bouillon avec les éléments suivants:
trois litres d'eau
65 cl de Bourgogne aligoté
2 carottes
un oignon
une échalote grise coupée en deux
un bouquet garni (thym, laurier, persil)
20 g de sel et 4 tours de moulin à poivre

Porter à ébullition, y plonger les escargots décoquillés et laisser frémir 45 minutes en écumant régulièrement.

Entre temps, laver et sécher soigneusement les coquilles.

Préparation du beurre d'escargots:
300 g de beurre
4 gousses d'ail (15 à 20 g)
une échalote grise le tout pilé

Persillade de cuisses de grenouilles

3 branches de persil hachées
un demi-verre à moutarde de Bourgogne Aligoté
3 g de poivre noir moulu (4 tours de moulin)

Bien mélanger le tout dans un mortier (rectifier l'assaisonnement selon goût).

Préparation des escargots:

Bien égoutter et sécher (au torchon).

Prendre une coquille, introduire au fond une noisette de beurre d'escargot.

Rencoquiller alors l'animal lui-même qui poussera le beurre au fond de la coquille puis obturer celle-ci avec le beurre d'escargot jusqu'à la remplir à ras bord.

Procéder ainsi pour chaque coquille.

Au moment de servir disposer sur un plat à escargots et mettre à four chaud jusqu'à ce que le beurre soit mousseux.

PERSILLADE DE CUISSES DE GRENOUILLES

4 douzaines de paires de cuisses de grenouilles
2 belles gousses d'ail hachées finement à la main
4 branches de persil
une tomate fraîche bien mûre pelée et épépinée réduite en purée au pilon
sel, poivre
éventuellement un soupçon de cayenne en poudre si vous aimez les plats épicés
huile d'arachide ou d'olive selon goût (l'utilisation d'huile d'olive demandera plus de tomates pour équilibrer les saveurs)

Laver et sécher soigneusement vos paires de cuisses de grenouilles. Dans une poêle creuse en fonte émaillée de préférence, faire chauffer votre huile sans toutefois qu'elle fume. Y faire revenir à feu moyen (thermostat 5 ou 6) vos cuisses de grenouilles jusqu'à ce qu'elles commencent à peine à blondir, ajouter l'ail et le persil haché; tourner quelques minutes délicatement pour ne pas détacher la chair des os, puis incorporer la tomate pilée. Saler, poivrer et épicer selon goût. Ajouter un demi-verre d'eau, couvrir et laisser mijoter à feu doux dix minutes.

Servir sur un plat chaud accompagné de toasts grillés et de citron.

CARGOLADE CORSE

2 douzaines de petits escargots (nommés petits gris) ou d'escargots blancs corses par convives
3 belles tomates bien mûres pelées, épépinées et réduites en purée
2 grosses gousses d'ail
un gros oignon doux
un morceau de fenouil détaillé en lamelles
3 bonnes pincées de thym effeuillé
5 à 6 petites feuilles de laurier
2 branches de persil hachées
sel, poivre
3 pincées de piment de cayenne
un litre de vin blanc sec
un verre d'huile d'olive fruitée

Faire jeûner une semaine vos escargots. Douze heures avant de les préparer, les saupoudrer de sel fin et de farine pour les faire baver. Les remuer plusieurs fois pendant ces douze heures puis les rincer et brosser soigneusement à l'eau courante. Egoutter et sécher au torchon.

Préparation des escargots:

Dans une grande poêle creuse en fonte, mettre à chauffer l'huile d'olive dans laquelle vous plongerez vivement vos escargots. Saler, poivrer immédiatement, puis ajouter dans l'ordre: l'oignon et l'ail hachés grossièrement, le fenouil réduit en menues lamelles, le persil, la tomate et les épices proprement dites (thym, laurier, piment de cayenne). Mouiller de vin blanc sec, couvrir et laisser mijoter 30 minutes à feu moyen en tournant plusieurs fois. Servir avec un bon vin blanc sec et fruité (vin corse de préférence) et ne pas oublier les piques à escargots.

POISSONS

BROCHET AU BEURRE BLANC (Nantes)

un brochet de 2 kg bien vidé en éliminant soigneusement les laitances et les œufs s'il y en a.

Court-bouillon et cuisson du poisson:
20 g par litre de sel de mer dans 7 litres d'eau
3/4 de litre de bon muscadet
10 cl de vinaigre de cidre
un morceau de sucre
un gros oignon
2 carottes émincées (moyennes)
un bouquet garni (thym, laurier, estragon)
poivre selon goût

Porter à ébullition et laisser frémir à feu doux vingt minutes.

Envelopper le poisson dans un linge et le placer dans une poissonnière. Le couvrir de court-bouillon et le mettre au four à couvert pendant vingt minutes (four réglé moyen).

Préparation du beurre blanc:
un demi-verre à moutarde de vinaigre de cidre
2 jaunes d'œufs
une échalote hachée (assez grosse)
2 branches de persil émincées
2 branches d'estragon
250 g de beurre
2 cuillères à soupe «dos d'âne» de crème fraîche
sel, poivre

Faire réduire le mélange vinaigre, échalote, estragon et persil jusqu'à limite du liquide sur les parties sèches.

Passer au chinois pour recueillir l'exsudat.

Mélanger hors du feu, cet exsudat avec les 250 g de beurre réduit en menus morceaux sans cesser de tourner. Placer la casserole au bain-marie et ajouter petit à petit les jaunes d'œufs en battant au fouet continuellement jusqu'à obtention d'une crème onctueuse dont vous relèverez le goût selon vos souhaits.

Votre beurre blanc est prêt et conservé au bain-marie à peine frémissant.

Sortir le poisson et le dérouler de son torchon sur une grande planche.

Oter la peau et les arêtes externes.

Badigeonner au pinceau les filets apparents et disposer sur le plat de service.

Servir le poisson avec la sauce gardée au chaud à laquelle vous aurez ajouté la crème fondue, accompagné de petites pommes de terre de qualité cuites à l'eau et épluchées.

QUENELLES DE BROCHET

Préparation de la pâte à quenelle ou panade:
200 g de farine
80 g de beurre
5 jaunes d'œufs
25 cl de lait chaud
sel, poivre blanc
une râpure de noix de muscade

Mélanger la farine et le beurre fondu, les jaunes d'œufs, le lait chaud, le sel et le poivre et la râpure de noix de muscade. Chauffer jusqu'à ébullition en tournant sans arrêt puis faire dessécher à feu doux 5 minutes. Mettre à refroidir au réfrigérateur quelques heures.

Préparation du poisson:
300 g de chair de brochet sans arête
300 g de beurre
6 œufs entiers
sel, poivre

Piler la chair de brochet jusqu'à obtention d'une pâte lisse. Ajouter peu à peu le beurre réduit en pommade pour obtenir un mélange homogène. Incorporer un à un les œufs entiers pour réaliser une consistance crémeuse épaisse. Saler et poivrer légèrement. Mêler le tout à la panade refroidie. Passer la pâte obtenue au tamis fin, puis couler sur un plat une épaisseur d'environ deux centimètres. Placer au réfrigérateur douze heures.

Confection des quenelles:

Sur une planche farinée, rouler un à un les morceaux de pâte en forme de quenelle. Pocher celles-ci à l'eau faiblement bouillante salée 7 à 8 minutes jusqu'à obtention

Filet de sandre du Rhin aux amandes

d'une consistance ferme au toucher.

Assaisonnement des quenelles:

Celles-ci peuvent être préparées avec différentes sauces dont les plus célèbres sont la sauce Nantua, le beurre cardinal, la sauce à la crème et la sauce à la tomate ou sauce Aurore. En vue de leur préparation, réaliser d'abord une sauce béchamel comme ci-après.

Sauce béchamel:
125 g de beurre
2 cuillères à soupe de farine
1 litre de lait

Réaliser un roux blond, y ajouter le lait chaud, faire réduire à feu doux quelques minutes afin d'obtenir une consistance lisse et crémeuse sans grumeaux, rendue parfaite par un passage au tamis très fin ou à l'étamine. Cette sauce de base étant prête, vous trouverez ci-après les éléments de chaque sauce.

Sauce Nantua:

Prévoir une douzaine et demie d'écrevisses sautées au beurre. Utiliser la chair et la carapace de la tête de dix écrevisses. Peser l'ensemble et piler à froid avec une quantité égale de beurre en pommade. Passer au tamis très fin pour ôter tous morceaux de carapace. Ajouter à la béchamel avec 10 cl de crème fraîche et éventuellement pour la coloration une petite tomate pelée et épépinée réduite en purée très fine; rectifier l'assaisonnement (sel, poivre, paprika, filet de cognac). Bien fouetter l'ensemble. Incorporer les écrevisses entières restantes et en napper les quenelles que vous pouvez selon goût passer au four telles quelles ou saupoudrées de chapelure ou de gruyère frais râpé très fin. Gratiner très léger.

Sauce beurre cardinal:

Il s'agit de la même préparation que celle de la sauce Nantua mais les écrevisses sont remplacées par une quantité égale de homard et de beurre.

Sauce à la crème:

On ajoute seulement à la béchamel 25 cl de crème fraîche et éventuellement des champignons de Paris sautés au beurre dégraissés, du sel, du poivre et un filet de cognac.

Sauce à la tomate ou sauce Aurore:

On y retrouve les mêmes ingrédients que dans la sauce Nantua ou la sauce beurre cardinal, la différence résidant dans une présence de tomates pilées plus importante et l'adjonction d'un bouquet garni (thym, laurier et romarin).

FILETS DE SANDRE DU RHIN AUX AMANDES

2 sandres d'un kg chacun
1/4 de litre de riesling
150 g de beurre
3 cuillères à soupe d'huile d'arachide
10 cl de lait
le jus d'un citron + un gros citron découpé en rondelles
300 g d'amandes effilées
sel, poivre

Vider et écailler soigneusement les poissons, lever les filets que vous couperez en deux.

Dans une petite terrine, tasser les filets, arroser avec le riesling et le lait et laisser reposer au frais une demi-heure. Bien égoutter les filets sur torchon, saler et poivrer. Dans une grande poêle en fonte, faire mousser un mélange de 100 g de beurre et d'huile (une mousse blanche doit apparaître lorsque le beurre et l'huile ont atteint la température de cuisson idéale). Disposer dans cette poêle les filets de sandre (face interne en premier), laisser blanchir 5 minutes à petit feu (le beurre ne devant jamais roussir). Retourner et cuire encore 2 minutes. Préparer un plat de terre bien beurré, y placer les filets déjà cuits et conserver au chaud.

Entre temps, dans la poêle de cuisson des filets, ajouter le reste de beurre; y faire revenir les amandes effilées arrosées du jus de citron. Lorsque celles-ci commencent à dorer, les répartir sur les filets de sandre, napper du beurre de cuisson et décorer de rondelles de citron ciselées. Servir de préférence avec des pommes de terre en robe des champs.

MATELOTE AU RIESLING

(prévoir une marinade de douze heures)
500 g de brochet
300 g de perche
300 g de tanche
300 g d'anguille
500 g de sandre
1 bouquet garni (thyml, laurier, estragon, persil)
1 gousse d'ail
1 gros oignon piqué d'un clou de girofle
1 pincée de muscade râpée
1 belle carotte détaillée en rondelles
30 g de beurre
300 g de champignons de Paris ou de préférence des girolles
30 cl de crème fraîche épaisse
50 cl de riesling
2 jaunes d'œufs
sel, poivre

Ecailler, vider, laver les poissons (conserver les parures: têtes, queues et arêtes).

Dans une terrine, placer les morceaux de poissons, ajouter l'oignon, l'ail, la carotte, le bouquet garni et la muscade.

Mouiller de riesling jusqu'à ce que les poissons soient recouverts.

Saler et poivrer.

Matelote au Riesling

Couvrir et laisser macérer douze heures.

Cuisson des poissons:

Oter soigneusement les poissons de la marinade.

Verser la marinade et les ingrédients qu'elle contient dans une casserole.

Ajouter les parures que vous avez conservées.

Couper d'un volume égal d'eau puis porter à ébullition 15 minutes.

Placer dans une terrine les morceaux de poissons égouttés et lorsque le court-bouillon obtenu précédemment est prêt, verser celui-ci sur les poissons jusqu'à couvrir légèrement.

Fermer la terrine et la mettre à four chaud 20 minutes (en profiter pour faire blanchir vos champignons détaillés en petits morceaux un quart d'heure à l'eau bouillante salée).

Lorsque les poissons sont cuits, les retirer du liquide, les disposer sur le plat de service et les garder au chaud.

Entre temps, faire réduire le liquide de cuisson (passé au chinois) pendant dix minutes, puis y ajouter hors du feu les jaunes d'œufs, et la crème.

Réchauffer en tournant sans arrêt jusqu'à l'obtention d'une consistance crémeuse.

Incorporer les champignons.

Napper les poissons et servir sur assiettes chaudes avec des spätzele ou des pommes de terre en robe des champs.

TRUITES AU BLEU

6 truites fraîchement assommées

Préparation du court-bouillon:
2 belles carottes
1 gros oignon coupé en deux et piqué d'un clou de girofle
1 gousse d'ail
2 blancs de poireau
1 bouquet garni (thym, laurier, persil)
3 verres de riesling ou sylvaner
1/2 verre de vinaigre
poivre (2 tours de moulin par litre d'eau)
6 litres d'eau salée à 15g par litre

Placer les ingrédients dans un faitout, porter à ébullition et laisser cuire 20 minutes à petit feu.

Préparation des truites:

Pendant la cuisson de votre court-bouillon, vider soigneusement vos truites en les tenant par les ouïes afin de préserver la pellicule gluante qui recouvre la peau et qui deviendra bleue à la cuisson.

Lorsque le court-bouillon est à point, plonger les truites dans celui-ci et laisser frémir de 8 à 10 minutes selon grosseur.

Préparation de la sauce d'accompagnement:
200g de beurre
jus d'un citron
sel, poivre
une pincée de thym effeuillé
une cuillère à café de crème fraîche

Truites au bleu

Faire fondre doucement le beurre détaillé en petits morceaux jusqu'à ce que sa surface devienne mousseuse. Incorporer alors le jus de citron, le thym, le sel et le poivre. Fouetter vivement sur feu doux (vous ne rajouterez la crème en fouettant qu'au moment de servir avec les truites).

Disposer les truites sur un plat garni d'une grille à égoutter et servir avec la sauce précédemment préparée et battue avec la crème au dernier moment. Accompagner de riesling ou de sylvaner selon le vin que vous aurez utilisé pour le court-bouillon.

TRUITES AUX AMANDES

6 truites
250 g de beurre
2 cuillères à soupe d'huile d'arachide
2 citrons (le jus d'un citron + un gros citron découpé en rondelles)
300 g d'amandes effilées
sel, poivre

Vider soigneusement vos truites, les laver et les sécher au torchon. Dans une poêle, faire fondre 150 g de beurre additionné de deux cuillères à soupe d'huile d'arachide et laisser blondir à feu moyen. Placer alors les truites dans la poêle, faire dorer vivement de chaque côté, saler et poivrer modérément. Disposer ensuite les truites sur un plat de service et conserver au chaud. Entre temps, dans la poêle de cuisson des truites, ajouter le reste de beurre, y faire revenir les amandes effilées arrosées du jus de citron. Lorsque celles-ci commencent à dorer, les répartir sur les truites, napper du beurre de cuisson et décorer de rondelles de citron ciselées. Servir de préférence avec des pommes de terre en robe des champs.

TRUITES MEUNIÈRES

6 truites
150 g de farine
250 g de beurre
un petit bouquet de persil haché
2 citrons
2 cuillères à soupe d'huile d'arachide

Vider soigneusement vos truites, les laver et les sécher au torchon avant de les fariner légèrement. Dans une poêle, faire fondre 150 g de beurre additionné de deux cuillères à soupe d'huile d'arachide et laisser tiédir à feu moyen. Placer alors les truites dans la poêle, faire dorer vivement de chaque côté, saler, poivrer modérément. Disposer ensuite sur un plat de service chaud, saupoudrer chaque truite de persil haché, l'agrémenter d'une rondelle de citron, deux demi-citrons ciselés étant disposés à chaque extrémité du plat. Ajouter dans la poêle chaude le reste du beurre frais, blondir légèrement, en napper doucement les truites après avoir ôté les impuretés du beurre brûlant en le passant au préalable au chinois, vous obtiendrez ainsi une belle présentation bien mousseuse, la réaction du beurre chaud au contact du persil provoquant cette mousse parfumée.

ESTOUFFADE DE THON

1,500 kg de thon blanc (germon de préférence)
250 g de champignons de Paris
1 pied de porc
1 grosse carotte découpée en rondelles
2 gros oignons coupés en lamelles
1 gousse d'ail
1 bouquet garni (thym, laurier, romarin, fenouil)
2 poireaux dont on prend la moitié des blancs pour le bouillon et la moitié pour l'estouffade
2 branches de persil dont une pour le bouillon et l'autre pour l'estouffade
6 tomates pelées et épépinées
1 tranche de lard de poitrine fumée coupée en petits dés
1 bouteille de vin blanc sec
1 pointe de paprika
1 pincée de sel de céleri
1 cuillère à soupe de farine
le jus d'un demi-citron
sel, poivre

Préparation du bouillon:

Dans un faitout ou dans un autocuiseur, mettre le pied de porc et le couvrir d'eau jusqu'à 2 centimètres au-dessus de sa surface. Saler, poivrer. Ajouter la carotte, l'oignon, les blancs de poireaux coupés en deux, le bouquet garni (thym, laurier, romarin, fenouil); une branche de persil, 2 ou 3 petits lardons et deux tomates. Laisser cuire une heure en faitout ou 30 minutes en autocuiseur.

Préparation de l'estouffade:

Faire revenir en cocotte, les lardons et les oignons. Saler et poivrer les morceaux de thon découpés en cubes d'environ 100 g, les saupoudrer de thym effeuillé, d'une pointe de paprika, d'une pincée de sel et de céleri. Dès que les oignons commencent à suer et devenir transparents, mettre les morceaux de thon, les faire également revenir quelques minutes. Ajouter le blanc de poireau séparé en deux et coupé en tronçons d'un centimètre. Lorsque le thon est doré, le saupoudrer d'une cuillère à soupe de farine, mettre à roussir quelques instants en retournant les morceaux de poisson. Hacher l'ail et l'ajouter en tournant avec une cuillère en bois, mouiller avec le vin blanc à mi-hauteur des morceaux de thon. Rajouter deux louches de bouillon de cuisson du pied de porc avec quelques carottes. Incorporer le bouquet garni et les épices, puis le jus d'un demi-citron. Couvrir et laisser mijoter 10 minutes. Ajouter les tomates et les champignons coupés en morceaux. Cuire 20 minutes. Rectifier l'assaisonnement à mi-cuisson et servir avec des pommes de terre en robe des champs.

FRITURE D'ÉPERLANS

1 kg d'éperlans
sel, poivre
farine
huile de friture

Presser le ventre des éperlans avec l'ongle pour extraire le boyau terminal, les rincer et les sécher soigneusement. Dans une assiette à soupe, mélanger 150 à 200 g de farine à une demi-cuillère à café de sel fin, et 2 ou 3 pincées de poivre. Rouler les éperlans dans la farine en supprimant l'excédent et les mettre à cuire dans la friture bien chaude. Lorsqu'ils commencent à dorer, les égoutter soigneusement et les servir sur un plat garni de papier absorbant accompagnés de citron. Rectifier l'assaisonnement selon goût (sel).

FRITURE DE LANÇONS

1 kg de lançons
sel, poivre
farine
un œuf entier battu
huile de friture (arachide de préférence)

Vider, laver et sécher soigneusement vos lançons. Tremper les poissons dans l'œuf battu avant de les rouler dans la farine et les mettre à cuire dans la friture bien chaude. Lorsqu'ils commencent à dorer, les égoutter soigneusement et les servir sur un plat garni de papier absorbant (pour ôter tout éventuel excédent d'huile) accompagnés de citron. Rectifier l'assaisonnement selon goût (sel).

BAR AU SEL (Guérande)

1 bar (1,500 kg)
3 kg de gros sel marin (gris de Guérande)
100 g de beurre
1 bouquet de persil
1 cuillère à café d'estragon haché
3 gousses d'ail
poivre
sel de mer fin

Préparer ou faire préparer le poisson (écailler, vider, laver tout en préservant les laitances ou les œufs). Bien essuyer chaque élément. Réaliser une farce avec les laitances ou les œufs hachés, le persil, l'estragon et l'ail. Saler et poivrer copieusement (10 tours de moulin à poivre et 5 pincées de sel marin fin). Farcir votre poisson et recoudre la partie ventrale.

Positionner votre poisson « en colère », c'est-à-dire joigner la tête à la queue en faisant passer une ficelle à gigot à travers les ouïes et un trou pratiqué au milieu de la partie charnue de la queue.

Dans une cocotte ronde, disposer environ 3 cm de sel gris. Poser le poisson (sur le dos), sur ce lit de sel et enfouissez-le totalement dans le sel restant (aucune partie ne doit être visible).

Placer à four très chaud (maximum) pendant 35 minutes.

Sortir la cocotte avec précaution (chaleur intense) puis la retourner sur une planche de bois. Tapoter le fond énergiquement pour faire se détacher le bloc de sel contenant le poisson. Casser délicatement le bloc de sel avec un maillet de cuisine pour dégager votre poisson qui apparaîtra cuit à point, savoureux et aucunement trop salé.

LAMPROIE BORDELAISE

1 kg de lamproie dépouillée
2 bouteilles de vin de Bordeaux
un bouquet garni (thym, laurier, persil, sauge)
2 cuillères à soupe dos d'âne de farine
2 beaux oignons blancs
2 gousses d'ail
2 échalotes grises
250 g de beurre
150 g de lard de poitrine fumé
sel, poivre

Faire pocher 5 minutes les morceaux de lamproie salés et poivrés (une demi-heure avant utilisation) dans une grande cocotte en fonte émaillée contenant le vin frémissant.

Sortir les morceaux de poisson avec une écumoire et les préserver au chaud. Ajouter dans la cocotte contenant le vin: les oignons blancs, les échalotes et les gousses d'ail hachés ainsi que les lardons et le bouquet garni. Laisser frémir jusqu'à réduction de moitié du liquide. Pendant ce temps, manier 125 g de beurre avec la farine. Incorporer alors au liquide contenu dans la cocotte le beurre manié. Porter à ébullition légère 3 minutes environ. Passer la sauce au chinois et la remettre en cocotte. Y replacer les morceaux de poisson et laisser mijoter à feu très doux un quart d'heure. Disposer les morceaux de lamproie sur un plat de service chaud. Incorporer en fouettant vivement le reste du beurre à la sauce. Rectifier l'assaisonnement et ôter le bouquet garni. Napper le poisson avec la sauce et le servir accompagné de petites pommes de terre en robe des champs.

LOTTE À LA PROVENÇALE

200 g environ par personne de lotte
2 échalotes grises hachées
3 gousses d'ail hachées
un gros oignon doux (rose du midi)
400 g de petites courgettes semi-pelées coupées en rondelles d'un centimètre et demi d'épaisseur
une belle aubergine (300 à 400 g) non pelée coupée en dés grossiers (3 cm × 3 cm)
un poivron rouge découpé en lanières
un poivron vert découpé en lanières
une dizaine de petites tomates très fermes non pelées mais pour lesquelles la partie ligneuse proche de la queue aura été enlevée
un petit pied de fenouil
douze petites pommes de terre à chair ferme épluchées
un bouquet garni (thym, laurier, romarin, persil)
une pincée d'herbes de Provence effeuillées
2 verres de rosé de Provence
un morceau de sucre
le jus d'un citron pressé
sel, poivre, paprika, cayenne
15 cl d'huile d'olive

Découper la lotte au préalable épluchée en morceaux individuels d'environ 200 g. Dans une cocotte en fonte, faire chauffer 15 cl d'huile d'olive. Y faire revenir dans l'ordre: la lotte préalablement salée et poivrée jusqu'à ce qu'elle commence à dorer puis l'aubergine,les courgettes, le pied de fenouil coupé en huit, les poivrons, les pommes de terre, les gousses d'ail, les échalotes, l'oignon doux en lamelles et enfin les tomates. Laisser prendre couleur quelques instants, puis mouiller avec le rosé. Incorporer le bouquet garni, les herbes de Provence, le jus de citron, le sel, le poivre, le paprika et la pointe de cayenne. Couvrir et cuire à feu doux 25 minutes en tournant plusieurs fois et en surveillant la présence constante de liquide au fond de la cocotte. Ser-

Bar au sel

Lotte aux petits légumes

vir sur plat de service en terre chaud entouré des légumes de cuisson.

LOTTE AUX PETITS LÉGUMES

1 kg de petites queues de lottes
800 g de céleri-rave (une boule)
12 petites pommes de terre grattées
150 g de navets nouveaux
150 g de carottes
3 belles échalotes
(éventuellement en saison, 200 g de petits pois et 150 g de bettes)
100 g de lard fumé en petits dés
150 g de beurre 1/2 sel
2 décilitres de crème fraîche
25 cl de muscadet
sel, poivre
fumet de poisson

Préparation du fumet:
têtes et laitances de lottes
300 g de merlan
150 g de sardines
1 carotte
1 navet
3 tomates pelées et épépinées
1 oignon
1 gousse d'ail
1 clou de girofle
20 cl de muscadet
1 litre d'eau
sel, poivre
1 pincée de cayenne
1 bouquet garni (persil, thym, laurier)

Dans un chaudron émaillé, disposer le bouquet garni, les parures de lottes (têtes, queues, peaux et abats des poissons) et les divers poissons vidés. Les arroser avec le muscadet puis compléter jusqu'à couverture avec de l'eau. Y ajouter finement hachés navet, carotte, tomates, oignon et ail. Saler, poivrer et rectifier l'assaisonnement avec une pincée de cayenne et un clou de girofle — porter à ébullition et laisser frémir 30 minutes. Egoutter en préservant le jus. Oter le bouquet garni et piler au mortier les poissons, les légumes et les parures. Passer soigneusement au chinois en mouillant avec le jus. Chauffer le mélange ainsi obtenu et laisser réduire 10 minutes à feu doux. Le fumet est prêt.

Préparation de la lotte:

Peler et couper en petits carrés les carottes, les navets et éventuellement les côtes des bettes. Eplucher le céleri et le couper en huit. Hacher grossièrement les échalotes. Dans une casserole à fond épais (cuivre étamé de préférence), faire rissoler dans le beurre à feu très doux en salant et poivrant légèrement les poissons, lardons et légumes jusqu'à ce que les échalotes soient devenues transparentes. Disposer les queues de lotte au centre d'un plat allant au four et garnir le pourtour avec les légumes. Déglacer la casserole avec le muscadet. Compléter avec le fumet. Faire réduire le tout 10 minutes à feu doux. Verser la moitié du consommé obtenu sur les poissons (garder au chaud l'autre moitié), cuire 25 minutes à four chaud (arroser fréquemment avec le consommé contenu dans le plat). Lorsque la lotte et les légumes sont cuits, incorporer, en fouettant la crème fraîche au consommé restant. Rectifier l'assaisonnement si besoin est, et napper le plat avec ce mélange au moment de servir.

LOTTE À L'ARMORICAINE

200 g environ par personne de lotte
4 échalotes grises
2 gousses d'ail
1 bouquet garni (thym, laurier, passe-pierre)
2 branches de persil
250 g de beurre
10 cl de lambig (eau-de-vie de cidre)
5 cl d'huile d'arachide ou d'olive
6 tomates bien mûres pelées, épépinées et pilées au mortier
4 ou 5 pincées de sel de mer fin
1 pincée de paprika
poivre
20 cl de muscadet

Découper la lotte au préalable épluchée en morceaux individuels d'environ 200 g. Dans une cocotte en fonte, faites chauffer 5 cl d'huile d'arachide et 30 g de beurre, y faire revenir les morceaux de lotte jusqu'à ce qu'ils commencent à dorer. Egoutter soigneusement la graisse en excès. Déglacer et flamber la cocotte avec le lambig. Ajouter les échalotes et l'ail hachés, les tomates en purée et le bouquet garni. Arroser avec le muscadet. Saler et poivrer. Couvrir et laisser cuire 20 minutes à feu doux. Ensuite, sortir les morceaux de lotte et les garder au chaud sur un plat de service creux. Faire réduire d'un tiers en casserole le contenu liquide de la cocotte après l'avoir passé au chinois. Entre temps, émietter le beurre (sorti du réfrigérateur une heure avant utilisation de préférence). Lorsque la réduction du liquide est obtenue, incorporer en fouettant le beurre ramolli en petits morceaux. Rectifier si besoin est l'assaisonnement (sel, poivre, et selon goût pincée de paprika). Verser la sauce brûlante sur le poisson. Saupoudrer de persil haché avant de servir la lotte accompagnée d'un riz blanc cuit à l'eau avec un petit morceau de vanille naturelle.

LOUP (BAR) GRILLÉ AU FENOUIL

un loup d'1,500 kg à 2 kg
un beau pied de fenouil frais de préférence
3 cuillères à soupe d'huile d'olive parfumée au fenouil
2 blancs de poireaux
une branche de persil
un petit oignon blanc haché
une pincée de paprika
une noisette de beurre
sel, poivre

Préparer ou faire préparer le poisson (écailler, vider, laver tout en préservant les laitances ou les œufs). Bien essuyer chaque élément. Entre temps, faire blanchir le pied de fenouil détaillé en quatre; l'égoutter et en tronçonner une partie en lamelles dont vous garnirez l'intérieur du poisson en compagnie du persil, de l'oignon haché, des laitances ou des œufs éventuellement, d'une noisette de beurre, d'une pincée de paprika et des blancs de poireaux. Saler, poivrer, puis recoudre soigneusement le ventre du poisson. Badigeonner l'extérieur d'huile d'olive, le saler et le poivrer.

Cuisson:

a) Si vous possédez un gril d'extérieur dans lequel vous pouvez régler la distance entre les braises et la grille qui supporte le poisson, procéder de la manière suivante:

Griller le poisson rapidement sur les deux faces le plus près possible des braises sans toutefois les toucher, puis lorsque les deux côtés sont bien saisis et dorés, éloigner le poisson des braises et le laisser cuire 10 minutes de chaque côté en arrosant régulièrement de quelques gouttes d'huile d'olive parfumée au fenouil.

Placer une deuxième grille sous le poisson, sur laquelle vous mettrez à cuire doucement les morceaux de pied de fenouil blanchis enduits eux aussi d'huile d'olive, salés et poivrés; servir en accompagnement du poisson.

b) Si vous n'avez à votre disposition qu'un four domestique, inverser le mode de cuisson, c'est-à-dire placer en papillotte (rouler dans une feuille d'aluminium) le poisson et les morceaux de fenouil et cuire vingt minutes à four normal chaud (thermostat 7 à 8). Sortir le poisson, le faire rouler délicatement de la feuille d'aluminium sur la grille de votre four; disposer autour les morceaux de fenouil, allumer le gril de votre four (préchauffage 5 minutes) et griller le poisson et les légumes (5 à 6 minutes de chaque côté, la grille n'étant éloignée que de 10 centimètres du corps de chauffe). On peut servir ce poisson avec une sauce constituée d'huile d'olive dans laquelle auront été écrasés les morceaux de fenouil cuits, une petite tomate pelée et épépinée, une cuillère à café de moutarde, une pincée de thym effeuillé, sel, poivre, et une pincée de paprika le tout fouetté vigoureusement.

Morue fécampoise

MORUE FECAMPOISE

(prévoir d'acheter la morue 24 h à l'avance)

1 kg de filet de morue bien épais (1/2 sel)
1 l de moules
4 belles carottes en rondelles
2 oignons blancs coupés en deux
3 gousses d'ail dont une hachée
6 échalotes grises hachées et pilées
2 branches de persil
1 bouquet garni (thym, laurier, fenouil)
1 pincée de thym effeuillé
1 l de cidre brut
1 l de lait
1 verre d'eau (25 cl)
50 cl de crème fraîche
1 petit verre de calvados (10 cl)
3 tranches de pain de mie coupées en carrés de 3 cm × 3 cm
100 g de beurre
1 rondelle de citron
10 olives noires
6 belles pommes de terre
poivre

Préparation du poisson:

Faire dessaler la morue douze heures dans cinq litres d'eau renouvelés une fois.

Bien rincer puis laisser macérer deux heures dans un litre de lait poivré mais non salé.

Faire ouvrir les moules, les retirer des coquilles et garder le jus.

Préparer un court-bouillon avec le cidre, le verre d'eau, le jus des moules, les quatre moitiés d'oignon, deux gousses d'ail, les carottes en rondelles, le bouquet garni et y ajouter les pommes de terre dans leur peau.

N.B. Ne pas saler.

Porter à ébullition et laisser frémir 20 mn.

Lorsque la morue est prête à cuire, la plonger dans le court-bouillon frémissant et la pocher pendant 20 minutes.

Préparation de la sauce:

Dans une poêle faire revenir avec 30 g de beurre les échalotes, la gousse d'ail et le persil hachés sans laisser colorer.

Hors du feu, ajouter le calvados et flamber.

Prendre un verre de court-bouillon (à mi-cuisson de la morue) et le verser dans la poêle.

Saler très légèrement et poivrer.

Faire réduire des 2/3 puis ajouter la crème et la pincée de thym.

Laisser épaissir à feu très doux en tournant fréquemment et en profiter pour faire dorer les carrés de pain de mie dans le reste de beurre.

La cuisson du poisson étant achevée, égoutter les filets, les émietter sur le plat de service et les conserver au chaud.

Retirer les rondelles de carottes du court-bouillon et les conserver pour la décoration du plat.

Entre temps, la sauce a pris une consistance crémeuse; y ajouter les moules décortiquées.

Napper le poisson avec la sauce puis disposer au centre la rondelle de citron et tout autour, à intervalles réguliers, les croûtons, les olives et les rondelles de carottes.

Servir avec les pommes de terre non épluchées.

RAIE AU BEURRE NOIR
(Morlaix)

2 kg de raie bouclée
200 g de beurre demi-sel
15 cl de vinaigre
60 g de câpres
1 grosse carotte
1 gros oignon piqué de deux clous de girofle
2 gousses d'ail
1 tomate pelée et épépinée
1 blanc de poireau
1 bouquet garni (persil, thym, laurier)
1 branche de passe-pierre
1 litre de vin blanc sec (muscadet ou gros plant)
3 litres d'eau
2 poignées de gros sel gris (3 g par litre) poivre (6 à 8 tours de moulin)

Préparation du court-bouillon:

Dans une grande marmite émaillée verser 3 litres d'eau, 1 litre de vin blanc sec (muscadet ou gros plant). Ajouter la carotte découpée en rondelles, l'oignon, l'ail, la tomate, le blanc de poireau et le bouquet garni. Saler, poivrer. Porter à ébullition et laisser frémir pendant dix minutes.

Préparation de la raie:

Rincer, brosser et essuyer soigneusement votre raie afin de la débarrasser de la matière gluante qui la recouvre. La plonger dans le court-bouillon frémissant. Porter de nouveau à ébullition puis cuire à feu doux 15 minutes. Egoutter votre raie (préserver 5 cl de court-bouillon), la débarrasser de sa peau et la conserver au chaud dans le plat de présentation.

Dans une poêle émaillée, faire fondre et roussir 200 g de beurre demi-sel. Quand celui-ci commence à fumer (ne pas laisser chauffer plus longtemps), retirer la poêle du feu et y verser, loin de toute flamme, en trois ou quatre fois, le vinaigre (attention aux éclaboussures). Lorsque le vinaigre est entièrement dans la poêle, ajouter les câpres et 5 cl de court-bouillon.

Remettre la poêle sur feu puis porter à ébullition 2 minutes. Rectifier l'assaisonnement si besoin est, puis verser le tout sur votre raie. Le légume d'accompagnement conseillé est la pomme de terre en robe des champs.

Raie au beurre noir

ROUGETS GRILLÉS

1 rouget barbet de 300 à 350 g ou 2 rougets de 200 g par personne
une pincée de thym effeuillé
une pincée de romarin effeuillé
sel, poivre
huile d'olive
30 g de beurre

Vider, écailler délicatement vos poissons en réservant les foies que vous mettrez de côté. Ne pas laver vos poissons mais les essuyer soigneusement intérieurement et extérieurement au torchon. Les badigeonner d'huile d'olive, saler, poivrer, saupoudrer du thym et romarin effeuillés, le tout également intérieurement et extérieurement. Placer sur le gril, les braises ou la source de chaleur devant être de préférence sous les poissons. Griller chaque côté 4 minutes pour les gros poissons, 3 minutes seulement pour les plus petits. Lorsque vos poissons sont retournés, disposer sur chacun un foie que vous aurez épicé, la chaleur environnante et celle du poisson lui-même doivent suffire à cuire ces foies pendant les 3 ou 4 minutes de cuisson.

Si vous ne disposez pas d'un barbecue ou d'un gril, chauffer dans une poêle suffisamment d'huile d'olive pour que le fond soit cou-

Saint-pierre à l'oseille

vert; mettre à frire vos poissons 3 ou 4 minutes de chaque côté; les disposer sur un plat de service chaud, vider l'huile restante, déglacer avec un morceau de beurre fondu dans lequel vous faites revenir en les écrasant les foies épicés que vous avez réservés; répartir le tout sur chaque poisson et servir chaud avec de préférence des tranches de pain frites à l'huile d'olive et légèrement frottées d'ail.

SAINT-PIERRE A L'OSEILLE (région de Honfleur)

2 poissons de 500 g chacun ou un seul poisson de 1,100 kg
500 g d'oseille fine à queue rouge
2 échalotes grises
2 oignons blancs
6 tranches de pain de mie
100 g de beurre 1/2 sel
20 cl de crème fraîche
1 verre d'eau (25 cl)
1 verre de cidre (25 cl)
1 verre de vin blanc sec (muscadet, gros-plant)
1 bouquet garni (thym, laurier, passe-pierre et persil)
sel, poivre et une pincée de paprika

Vider et laver les poissons (à l'eau de mer si possible).

Dans une casserole émaillée, préparer un court-bouillon de la manière suivante:

Verser le verre de cidre, le verre de vin et le verre d'eau dans la casserole. Ajouter une poignée d'oseille, les échalotes hachées et le bouquet garni. Saler et poivrer (1 cuillère à soupe de gros sel et quatre tours de moulin à poivre).

Porter à ébullition pendant 1/4 d'heure puis passer au chinois (passoire très fine).

Disposer les poissons dans une sauteuse basse et large et recouvrir avec le bouillon obtenu.

Chauffer jusqu'à frémissement et laisser cuire 20 minutes à feu doux.

Lorsque la cuisson est terminée, sortir les poissons, enlever la peau et lever les filets que vous garderez au four dans le plat de service (en terre ou en acier).

Préparation de la crème à l'oseille:

Dans une poêle émaillée, faire fondre 30 g de beurre et y faire revenir l'oseille restante soigneusement équeutée et hachée.

Lorsque vous aurez obtenu une purée crémeuse (sans que le beurre n'ait jamais blondi), verser sur l'oseille un demi-verre de court-bouillon (10 cl) puis ajouter la crème fraîche (20 cl).

Poivrer (2 tours de moulin) et saler (en tenant compte du fait que le court-bouillon est déjà salé).

Faire réduire le mélange d'un tiers et verser autour des filets de saint-pierre.

Servir avec des tranches de pain de mie frites au beurre et frottées d'oignon blanc.

SARDINES GRILLÉES À LA MOUTARDE

sardines fraîches (3 ou 4 par personne selon grosseur)
une bonne cuillère à soupe de moutarde forte
10 cl d'huile d'arachide ou d'olive selon goût
herbes de Provence
sel, poivre

Ecailler, vider et essuyer vos sardines.

Préparation de la sauce:

Dans un bol à sauce, placer la moutarde, incorporer petit à petit l'huile jusqu'à obtention d'une consistance crémeuse, saler, poivrer et ajouter les épices (herbes selon goût).

Badigeonner au pinceau vos sardines avec ce mélange et mettre à griller (3 à 5 minutes selon grosseur) de chaque côté.

SOLES NORMANDES

trois belles soles (450/500 g)
1 l de moules de bouchot lavées et grattées
12 bouquets ou crevettes roses
1 livre de champignons étuvés et émincés
25 cl de vin blanc sec (muscadet, gros plant)
50 cl de cidre brut
50 cl de crème fraîche
20 g de beurre
10 cl de calvados
1 carotte en rondelles
2 oignons hachés
1 échalote hachée et pilée
un bouquet garni (thym, laurier, persil, passe-pierre)
1/2 citron ciselé
une pincée de thym effeuillé
12 pique-olives en bois
poivre

Préparation des poissons:

Lever les filets, les rouler et les fixer en les traversant avec les bâtonnets.

Faire ouvrir les moules (5 mn à four chaud), conserver le jus, les sortir de leurs coques et les garder chaudes.

Dans un poêlon en émail, verser le jus des moules, le vin, le cidre, les oignons, la carotte et le bouquet garni.

Poivrer légèrement.

Porter à ébullition et laisser frémir 15 minutes.

Le court-bouillon étant prêt et toujours frémissant, disposer les filets roulés dans le poêlon et les pocher dix minutes en ayant soin de s'assurer qu'ils baignent entièrement.

Sortir les filets, les dresser sur le plat de service, couvrir et conserver au chaud avec les crevettes disposées régulièrement sur le pourtour du plat.

Préparation de la sauce:

Dans une poêle, faire revenir dans le beurre l'échalote pilée sans laisser se colorer.

Ajouter le calvados et flamber hors du feu.

Mouiller d'un grand verre de court-bouillon et laisser réduire des 2/3.

Verser ensuite la crème et la pincée de thym.

Faire épaissir à feu doux en incorporant petit à petit les champignons étuvés.

Rectifier l'assaisonnement puis napper les filets avec la sauce et servir avec le demi citron ciselé au centre.

Bœuf bourguignon

VIANDES

BŒUF BOURGUIGNON

900 g de tranches maigre ou de gîte à la noix
4 cuillères à soupe de farine
12 oignons blancs
un bouquet garni (thym, laurier)
une pincée de paprika
5 pincées de sel de céleri
une pincée de poivre de cayenne
2 clous de girofle
8 verres de vin de Bordeaux
sel, poivre
4 grains de poivre
2 échalotes grises
2 gousses d'ail

Faire revenir dans une proportion égale d'huile et de beurre, les oignons et les morceaux de viande au préalable salés et poivrés.

Laisser dorer, puis ajouter 2 cuillères à soupe (dos d'âne) de farine.

Faire blondir la farine en tournant les morceaux de viande.

Ajouter le vin et laisser bouillonner deux minutes.

Verser la même quantité d'eau et couvrir pendant 80 minutes après avoir incorporé le bouquet garni, le paprika, la cayenne, les clous de girofle, le sel de céleri, 4 grains de poivre, 2 échalotes grises et 2 gousses d'ail hachées menu. Ouvrir la cocotte. Verser un verre d'eau et laisser réduire un quart d'heure.

Servir soit avec du riz, soit avec des pommes vapeur.

BŒUF EN DAUBE

750 g de bourguignon
750 g de jarret de bœuf
2 os à moelle (salés abondamment à leurs extrémités)
1 carotte coupée en rondelles
2 gros oignons piqués chacun d'un clou de girofle
1 gousse d'ail
un litre de vin rouge de bonne qualité
5 grains de poivre
1 bouquet garni (thym, laurier, romarin, sauge, persil)
2 cuillères à soupe de farine
1 pincée de paprika
sel, poivre
125 g de beurre
3 cuillères à soupe d'huile d'arachide

Faire mariner de préférence les viandes au préalable salées et poivrées dans le vin rouge additionné du bouquet garni, des oignons émincés, de l'ail, des rondelles de carottes et des grains de poivre pendant 24 heures. Egoutter les viandes et les sécher. Les faire revenir dans le mélange de beurre et d'huile quelques minutes jusqu'à dorure. Ajouter ensuite les oignons, les carottes et l'ail de la marinade et les os à moelle. Rissoler quelques instants. Saupoudrer de farine. Tourner à feu vif encore 3 minutes puis mouiller de vin de la marinade allongé de deux grands verres d'eau. Incorporer le bouquet garni déjà utilisé dans la marinade.

Couvrir et laisser mijoter une heure en surveillant que les viandes n'attachent pas. Sortir les viandes, les disposer sur le plat de service et au besoin, faire réduire quelques instants la sauce pour qu'elle prenne une consistance très légèrement crémeuse. Rectifier éventuellement l'assaisonnement. Oter le bouquet garni. Napper les viandes avec la sauce. Servir avec soit des pâtes fraîches, soit des pommes de terre en robe des champs.

CONTRE-FILET SAUCE PÉRIGUEUX

Sauce:
80 g de beurre
1 petite échalote grise, hachée finement
10 cl de madère
15 cl d'eau
1 filet de cognac
2 cuillères à soupe bombées de farine tamisée
30 g de morceaux de truffes avec leur jus
1 petite pincée de thym effeuillé
sel, poivre

Faire fondre doucement le beurre dans une casserole en acier à double fond. Ajouter la farine et laisser mijoter jusqu'à obtention d'un beau roux brun (ou châtaigne). Mouiller d'un seul coup avec le madère, 15 cl d'eau et le filet de cognac. Incorporer l'échalote puis les morceaux de truffes et la pincée de thym effeuillé. Poivrer selon goût. Saler modérément (la sauce devant réduire). Réduire au bain-marie à feu doux jusqu'à consistance voulue.

Viande:

Un morceau de 200 g par personne de contre-filet persillé revenu vivement sur une poêle en tôle graissée de lard (prévoir 100 g de lard demi-sel). Conserver au chaud et napper de sauce lorsque celle-ci est prête.

Contrefilet sauce Périgueux

Entrecôte à la moelle

ENTRECÔTE À LA MOELLE

2 belles entrecôtes bien persillées (environ 1 kg) (de préférence charolais ou maine-anjou)
3 beaux os à moelle de veau ou de génisse choisis dans la partie médiane des os
sel, poivre
un petit verre de cognac

Saler et poivrer les entrecôtes à votre goût. Placer les os à moelle dans une petite casserole d'eau bouillante salée pendant une dizaine de minutes pour ramollir la moelle; sortir la moelle des os et l'escaloper en lamelles d'un centimètre d'épaisseur que vous réserverez dans l'attente de la cuisson de la viande. Faire chauffer la poêle en la graissant avec un petit morceau de suif prélevé sur votre viande. Lorsque la poêle est bien chaude, saisir vivement les entrecôtes (3 minutes de chaque côté pour une personne qui aime la viande bien grillée en surface, saignante et chaude à l'intérieur). Sur le plat de service au préalable chauffé, placer vos entrecôtes et les conserver au chaud. Evacuer de la poêle l'excédent de graisse puis déglacer avec le cognac; incorporer la moelle, relever de sel et laisser flamber quelques instants.

Verser la moelle et la sauce obtenue sur vos entrecôtes et servir immédiatement accompagnée, soit de pommes allumettes, soit de haricots verts frais garnis de quelques pommes rissolées et d'une tomate chapelurée retournée un instant dans la poêle encore chaude.

CHATEAUBRIAND AUX POMMES

un morceau de 250 g de cœur de filet, soit de tranche d'aiguillette par personne
6 belles pommes de terre (1,200 kg environ pour 6 personnes)
une botte de cresson
6 tomates
sel, poivre
chapelure

Saler, poivrer légèrement votre viande. Le châteaubriand est un morceau qui se fait généralement au gril. Si vous ne disposez pas d'un gril, vous pouvez utiliser une poêle à griller en tôle que vous aurez simplement graissée avec un morceau de suif de bœuf réclamé à votre boucher.

Cuisson au gril:

Badigeonner parcimonieusement d'huile d'arachide le ou les morceaux de viande, puis mettre à griller sur la plaque bien chaude. Une minute plus tard, retourner la viande une première fois en lui faisant faire un quart de tour sur le plan horizontal; laisser-la cuire encore une minute puis la retourner à nouveau sans imprimer de rotation. Pour la cuisson finale, une minute plus tard, faire faire un nouveau quart de tour horizontal en retournant votre viande, vous aurez ainsi obtenu une pièce de viande grillée deux fois sur chaque face et décorée d'un joli quadrillage correspondant aux lignes de contact de la viande et du gril.

Cuisson à la poêle:

Graisser la poêle chaude avec le suif de bœuf comme indiqué ci-avant. Placer la viande dans la poêle et la laisser griller à feu vif de chaque côté. Si la viande est épaisse (plus de 2 centimètres) répéter deux fois l'opération.

Le châteaubriand se sert généralement accompagné de pommes pont-neuf ou pommes soufflées. Le plat de service étant garni de feuilles de cresson et de demi-tomates panées retournées quelques instants sur le gril ou la poêle. On peut également agrémenter cette pièce de bœuf d'un beurre maître d'hôtel ou d'une sauce béarnaise.

ENTRECÔTE MARCHAND DE VIN

2 belles entrecôtes bien persillées (environ 1 kg) de préférence charolais ou maine anjou
un bon verre de vin (25 cl) de bordeaux rouge (saint-émilion ou medoc)
une cuillère à soupe de farine tamisée
125 g de beurre
une belle échalote grise réduite en pommade au pilon
un petit bouquet garni (thym, laurier)
sel, poivre
prévoir deux poêles, une poêle à griller en tôle et une poêle creuse en fonte épaisse pour la sauce

Préparation de la sauce:

Mettre le beurre dans la poêle en fonte creuse; saupoudrer de farine et chauffer doucement jusqu'à obtention d'un roux brun léger; lorsque la couleur voulue est obtenue, mouiller d'un seul coup avec le vin, ajouter l'échalote en pommade et le bouquet garni. Saler, poivrer selon goût. Tourner quelques instants à feu vif puis laisser mijoter 5 minutes à feu doux à couvert.

Cuisson de la viande:

Pendant que votre sauce mijote, saler et poivrer vos entrecôtes, chauffer la poêle à griller en utilisant un morceau de suif de la viande pour la graisser. Griller vivement vos entrecôtes 3 minutes de chaque côté de manière à obtenir une viande bien saisie saignante et chaude à cœur.

Disposer en fin de cuisson vos entrecôtes sur un plat de service chaud et napper de la sauce dont vous aurez retiré au préalable le bouquet garni. Les entrecôtes marchand de vin peuvent être accompagnées soit de pommes pont-neuf, soit de petites pommes de terre à l'eau très fermes.

ONGLET À L'ÉCHALOTE

6 morceaux de 150 g d'onglet bien rassis
2 grosses échalotes grises
une cuillère à café dos d'âne de farine
70 g de beurre
sel, poivre
une pincée de thym effeuillé
une cuillère à soupe d'huile d'arachide
10 cl de porto ou muscat de Rivesaltes
prévoir deux poêles, une poêle à griller en tôle et une petite poêle creuse en fonte épaisse pour la sauce.

Préparation de la sauce:

Mettre 50 g de beurre dans la poêle en fonte creuse. Saupoudrer de farine et chauffer doucement jusqu'à obtention d'un roux brun clair. Lorsque la couleur souhaitée est obtenue, mouiller d'un seul coup avec le porto, ajouter les échalotes hachées finement, quelques pincées d'épices (sel, poivre, thym effeuillé). Couvrir et faire réduire à feu doux pendant la cuisson de la viande.

Préparation de la viande:

Saler et poivrer les morceaux de viande. Chauffer la poêle à griller graissée du mélange de 20 g de beurre et de la cuillère d'huile. Saisir à feu vif et cuire au total 4 minutes (chaque face pendant une minute dans le sens de la longueur du morceau). Disposer les morceaux de viande sur chaque assiette individuelle au préalable chauffée et les napper de la sauce qui, entre temps, aura réduit de moitié.

Accompagner de pommes rissolées, pomme pont-neuf et salade verte.

PAVÉ AU ROQUEFORT

6 pavés de rumsteak d'environ 200 g par personne
50 g de beurre et une cuillère à dessert d'huile d'arachide pour la cuisson
100 g de très bon beurre pour la préparation du beurre manié

120 g de roquefort bien bleu
sel, poivre

Bien chauffer votre poêle sans toutefois noircir les corps gras. Saisir vivement sur toutes les faces les pavés de rumsteak que vous aurez au préalable salés et poivrés selon votre goût. Laisser cuire 3 minutes sur chaque face principale. Pendant la cuisson, mélanger à la fourchette, le beurre et le roquefort; poivrer légèrement mais sans saler, car le fromage est de par son essence un élément salé. Placer sur chaque morceau de viande une rondelle de beurre manié au roquefort au moment de servir. Accompagner soit de pommes pont-neuf, soit de haricots verts frais.

STEAK AU POIVRE

150 à 200 g de persillé ou d'aiguillette par personne
20 g de poivre concassé (légèrement éventé)
25 g de beurre et une cuillère d'huile
un demi-verre à apéritif de cognac, madère, porto ou muscat
un petit oignon
sel,
sucre en poudre
un petit pot de crème fraîche

Saler la viande et la laisser reposer une à deux minutes.

Rouler le morceau de viande dans le poivre étendu régulièrement sur une assiette (conserver ce qui restera sur l'assiette).

Faire revenir l'oignon coupé en fines lamelles dans le mélange huile et beurre.

Saisir la viande dès que l'oignon a légèrement blondi.

Oter la viande de la poêle et la placer avec l'oignon en lamelles sur une assiette chaude dans le four.

La poêle étant hors du feu, mettre une pincée de sucre et déglacer en flambant avec l'alcool.

Avant que les flammes ne soient éteintes, verser la crème fraîche additionnée du solde de poivre de l'assiette.

Porter à feu vif et réduire la sauce à gros bouillons jusqu'à légère caramélisation.

Verser sur la viande et servir avec des pommes de terre frites ou pommes de terre en robe des champs.

TOURNEDOS QUERCYNOISE

6 tournedos de filet de tranche bien rassi de 150 g environ chacun
250 g de foie gras formé en rouleau et truffé en son centre
30 g de graisse d'oie
sel, poivre
***Accompagnement:** petites pommes de terre rissolées à la graisse d'oie et salade de mesclin aux noix.*

Faire chauffer une poêle à griller en tôle et la graisser copieusement de graisse d'oie. A feu vif, mais sans pour autant faire noircir la graisse, saisir et cuire vos tournedos que vous aurez au préalable salés et poivrés pendant 4 minutes au total en les retournant deux fois. Les disposer sur une assiette individuelle chaude garnie de salade et de pommes rissolées. Placer sur la viande au moment de servir une tranche de foie gras d'un bon centimètre d'épaisseur.

SAUTÉ DE COLLIER D'AGNEAU AUX HARICOTS

un demi-paquet de haricots soit cocos, soit lingots
500 g de collier de mouton si possible non gras
une mince tranche de poitrine fumée coupée en dés
4 tomates de taille moyenne
4 oignons d'environ 4 centimètres de diamètre
2 gousses d'ail (rouge du Tarn)
sel, poivre, paprika, thym, laurier, persil, sauge
beurre
huile
un demi-verre de madère

Laisser tremper les haricots pendant une heure et faire revenir en cocotte la viande au préalable salée, poivrée et saupoudrée de paprika dans un mélange beurre-huile. Laisser dorer. Ajouter alors l'ail, les oignons, les lardons et les aromates puis faire blondir à feu doux. Couper ensuite les tomates en deux et les laisser frissonner deux minutes. Verser un litre d'eau puis incorporer les haricots, ajouter une demi-cuillère à soupe de gros sel. Cuire 20 minutes à feu moyen. Ouvrir et faire réduire la sauce à feu vif avec un demi-verre de madère. Servir parsemé de persil frais haché.

CARRÉ D'AGNEAU GRILLÉ

Commander à votre boucher un beau carré d'agneau d'un kilo. Le piquer de quelques petits morceaux d'ail effilés (ail rouge du Tarn de préférence pour la finesse de son goût).

Badigeonner d'huile au pinceau, saler, poivrer et saupoudrer de thym effeuillé ou d'herbes de Provence selon goût. Griller soit à four chaud (thermostat 8) 20 minutes en retournant une fois, soit au barbecue une demi-heure en rotation permanente. Servir accompagné de préférence de pommes de terre sous la cendre, haricots verts au beurre ou flageolets nouveaux en persillade.

GIGOT D'AGNEAU À LA BRETONNE (Ouessant)

Pour six à huit personnes:

1 gigot de pré salé de 2 kg environ
1 kg de haricots blancs (cocos bretons ou lingots de Paimpol)
2 gros oignons blancs
2 belles échalotes grises
3 gousses d'ail
1 grosse tomate bien mûre
1 bouquet garni (persil, thym, laurier)
1 branche de persil
2 pincées de thym effeuillé
8 petites pommes de terre coupées en deux
170 g de beurre demi-sel (dont 100 g de beurre fondu)
sel, poivre
5 cl de lambig

Cuisson des haricots:

a) s'ils sont secs: faire tremper 12 heures à l'avance et prévoir 2 à 3 heures de cuisson,

b) s'ils sont frais: ne pas tremper et cuire 40 mn,

c) préparation commune: mettre à l'eau froide (salée à raison de 3 g par litre d'eau) avec le bouquet garni. Porter à ébullition et compter le temps de cuisson à partir de cet instant. Ajouter, une demi-heure avant la fin de cuisson, une échalote, les oignons, la tomate et une gousse d'ail; poivrer légèrement.

Cuisson du gigot:

Préparer quatre demi-gousses d'ail épluchées et les piquer dans votre gigot. Avec une pointe de couteau très affûté, tracer sur la partie charnue de la viande une sorte de grille de manière à ce que la graisse de cuisson ne s'écoule pas trop vite mais au contraire, protège votre gigot d'un éventuel coup de feu (cf. photo). Enduire de beurre fondu, saupoudrer avec le thym effeuillé, saler et poivrer.

Graisser avec un peu de beurre fondu un grand plat de grès allant au four et y placer votre gigot (partie charnue visible).

Dans le bol contenant le reste de beurre fondu, baigner vos petites pommes de terre coupées en deux, les saler, les poivrer, ajouter la seconde pincée de thym effeuillé, puis les disposer autour du gigot. Préchauffer votre four (10 mn). Enfourner votre gigot et laisser cuire 45 minutes à four moyen en retournant deux fois (retirer les pommes de terre lorsqu'elles sont dorées et les conserver au chaud). Lorsque la cuisson des haricots est terminée (prévoir cette fin de cuisson 15 minutes avant celle de votre gigot), les égoutter, ôter le bouquet garni et préserver l'échalote, les oignons et la tomate. Dans une petite cocotte, faire revenir avec un bon morceau de beurre (70 g) la seconde échalote crue, finement hachée, puis ajouter l'échalote, les oignons et la tomate cuits ainsi que 5 cl de lambig. Cuire doucement en fouettant jusqu'à obtention d'une sauce onctueuse, y mélanger les

Gigot d'agneau à la bretonne

haricots et garder à four chaud en lieu et place du gigot qui a entre-temps terminé sa cuisson. Dresser ce dernier dans un plat de service (sur un chauffe-plat). Disposer autour les haricots et les pommes de terre, celles-ci étant agrémentées de quelques pincées de persil haché. Prévoir des assiettes chaudes.

SELLE D'AGNEAU FARCIE

une selle d'agneau d'environ 1,500 kg pourvue de ses flancs
350 g de chair de veau hachée
250 g de chair de porc hachée
une grosse tomate bien mûre pelée, épépinée et réduite en purée
un gros oignon blanc et une gousse d'ail hachés
sel, poivre
une pincée de paprika
thym effeuillé
5 cl d'huile d'olive légère

Saler et poivrer extérieurement et intérieurement la selle d'agneau y compris les flancs. La placer sur le dos, remplir la face interne d'une farce composée du mélange chair de veau, chair de porc, oignon, ail, et tomate. Saupoudrer de sel, poivre, paprika et thym effeuillé. Refermer les flancs sur cette farce et ficeler soigneusement. Badigeonner l'extérieur d'huile d'olive et saupoudrer à nouveau des mêmes épices. Cuire à four chaud au préalable préchauffé 10 minutes en tournant deux fois pour 25 minutes de cuisson (thermostat 7 à 8). Servir avec des pommes de terre rissolées parsemées de persil frais haché.

BLANQUETTE DE VEAU

1,500 kg de veau réparti entre tendron, poitrine, haut de jarret et de préférence avec un ou deux os à moelle
3 belles carottes coupées en rondelles
2 gros oignons
2 gousses d'ail
2 cuillères à soupe de farine
25 cl de crème fraîche
3 jaunes d'œufs
200 g de beurre
sel, poivre
un bouquet garni (thym, laurier, sauge)
1/2 litre de vin blanc sec
3 cuillères à soupe d'huile d'arachide

Dans une cocotte en fonte émaillée, faire revenir dans le mélange de 50 g de beurre et d'huile, les morceaux de veau au préalable salés et poivrés avec les carottes, les oignons et les gousses d'ail jusqu'à un début de dorure. Mouiller du vin blanc et de deux verres d'eau. Ajouter le bouquet garni et laisser mijoter 30 minutes à feu doux. Avec le reste du beurre et la farine, préparer dans une casserole un roux blond que vous mouillerez d'une partie du bouillon de cuisson. Incorporer ce roux blond dans la cocotte, laisser frémir 10 minutes. Ajouter la crème fraîche. Faire réduire à feu doux un quart d'heure, puis quelques instants avant de servir, lier la sauce avec les jaunes d'œufs hors du feu. Rectifier l'assaisonnement si besoin est et servir avec du riz blanc légèrement vanillé.

Escalope panée

Escalope vallée d'Auge

ESCALOPE PANÉE

6 escalopes (de 150 g chacune environ)
un gros œuf battu salé et poivré modérément
chapelure
100 g de beurre
une cuillère à soupe d'huile d'arachide
sel, poivre

Faire chauffer dans la poêle le beurre et l'huile mélangés. Saler et poivrer sur les deux faces vos escalopes, selon goût. Remplir la partie creuse d'une assiette à soupe de chapelure. Lorsque la poêle est chaude, prendre une à une les escalopes et les tremper dans l'œuf battu, puis les retourner dans la chapelure avant de les mettre à cuire à feu moyen. Dorer chaque face 3 minutes. Servir avec des pâtes fraîches de préférence et arroser éventuellement les escalopes d'un filet de citron.

ESCALOPE VALLÉE D'AUGE

150 g d'escalope de veau dans le filet par personne
500 g de champignons de Paris émincés
6 cuillères à soupe de crème fraîche
20 g d'oignons doux (rosés)
40 g de beurre
1 branche depersil
1 verre de lait (25 cl)
1 verre de cidre (25 cl)
1/2 citron pressé
1 bouquet garni (thym, laurier, persil), sel, poivre
1 gousse d'ail
2 cuillères à soupe d'huile d'arachide

Verser le verre de lait dans un plat creux, saler et poivrer (1/2 cuillère à café de sel fin et deux tours de moulin à poivre).

Plonger les escalopes dans le lait et les laisser macérer pendant une heure environ en les retournant une fois.

Préparer deux poêles. Dans la première, faire fondre à feu très doux 20 g de beurre additionné d'une cuillère à soupe d'huile d'arachide (pour éviter le noircissement du beurre) et y verser les champignons. Ne pas omettre de saler légèrement pour que les champignons rendent leur eau et placer un couvercle sur la poêle.

Hacher très fin et ensemble l'oignon, l'ail et la branche de persil.

Ajouter le tout aux champignons avec le jus d'un demi-citron lorsque l'eau qu'ils ont rejetée a réduit de moitié.

Poivrer légèrement (2 tours de moulin) et laisser mijoter à feu très doux (jusqu'à évaporation totale de l'eau) pendant la cuisson de la viande.

Dans la deuxième poêle, faire fondre également 20 g de beurre avec une cuillère à soupe d'huile d'arachide.

Faire revenir les escalopes à feu moyen jusqu'à formation d'un léger caramel blond au fond de la poêle.

Retirer les escalopes et les préserver au chaud (au four dans un plat recouvert d'une feuille d'aluminium ou d'un linge humide).

Dans la poêle encore chaude, verser le cidre et faire dissoudre soigneusement à l'aide d'une spatule en bois le caramel adhérant aux parois et au fond.

Ajouter le bouquet garni et faire

réduire le mélange obtenu des 2/3 à feu vif (7 mn environ).

Retirer la poêle du feu quelques instants, et ôter le bouquet garni puis incorporer la crème fraîche.

Faire épaissir à feu doux sans laisser la crème se colorer.

La consistance voulue ayant été obtenue, baigner les escalopes dans cette sauce sur leurs deux faces et les disposer au centre d'un plat préalablement chauffé.

Mélanger soigneusement les champignons à la crème restante et les disposer autour des escalopes.

Ce plat peut être accompagné, selon goût, de riz, de pommes de terre en robe des champs ou de légumes verts et décoré de croustades feuilletées.

Variante: remplacer les champignons de Paris par des girolles et le cidre par du calvados légèrement dilué d'eau.

OSSO BUCCO À LA CORSOISE

1,500 kg de jarret de veau avec os coupé en tranches de 2 à 3 centimètres d'épaisseur
une tranche de coppa
un gros oignon (corse de préférence)
une gousse d'ail
3 grosses tomates bien mûres
thym, laurier, romarin, persil
100 g de beurre
2 cuillères à soupe d'huile d'olive
sel, poivre
2 verres de vin rosé (corse de préférence)

Dans une cocotte en fonte, faire revenir les morceaux de viande préalablement salés et poivrés dans un mélange beurre huile jusqu'à ce qu'ils deviennent dorés. Ajouter l'oignon coupé en lamelles assez grossières, la coppa détaillée en petits dés, le thym, le laurier,le romarin et le persil. Laisser blondir quelques minutes les nouveaux éléments ajoutés puis incorporer les tomates et la gousse d'ail. Mouiller jusqu'à mi-hauteur avec de l'eau. Ajouter deux verres de rosé sec, couvrir et laisser mijoter de 30 à 40 minutes selon la grosseur et l'épaisseur de la viande. Servir de préférence avec du riz.

POITRINE DE VEAU FARCIE

1,500 kg de poitrine de veau maigre désossée
350 g de chair de veau hachée
250 g de chair de porc hachée
une grosse tomate bien mûre pelée, épépinée et réduite en purée
un gros oignon blanc et une gousse d'ail hachés
3 branches de persil hachées
2 belles pincées d'herbes de Provence
une pincée de paprika
sel, poivre
5 cl d'huile d'arachide

Saler et poivrer extérieurement et intérieurement la poitrine de veau maigre désossée. Placer la face extérieure sur la table. Confectionner la farce avec les chairs de veau et de porc hachées additionnées des épices, de l'oignon et l'ail hachés et de la tomate. Saler et poivrer. Répartir régulièrement cette farce sur toute la surface apparente de la poitrine de veau. Rouler celle-ci sur elle-même et ficeler serré. Badigeonner l'extérieur d'huile d'arachide et saupoudrer à nouveau des mêmes épices (sel, poivre, paprika, herbes de Provence). Rôtir à four moyen (6 à 7 du thermostat) pendant 45 minutes en tournant deux fois. Ne pas omettre de préchauffer le four dix minutes à l'avance. Servir avec des pommes de terre rissolées et des haricots verts frais parsemés de persil haché.

ROGNONNADE DE VEAU AUX CAROTTES

1 kg à 1,500 kg de rôti de veau préparé en rognonnade
1 kg de carottes
100 g de poitrine fumée coupée en petits dés
20 petits oignons grelots
1 gousse d'ail (rouge)
5 grains de poivre noir
1 petit verre de cognac
2 cuillères à soupe de crème fraîche
1 bouquet garni (thym, laurier, sauge)
3 petites tomates fermes
sel, poivre
100 g de beurre
2 cuillères à soupe d'huile d'arachide

Faire revenir le rôti dans une graisse chaude (100 g de beurre et 2 cuillères d'huile d'arachide), après l'avoir salé et poivré généreusement, pendant environ un quart d'heure à feu vif. Ajouter les petits oignons au bout de 5 minutes ainsi que les lardons. Retirer le rôti et les oignons et les préserver sur un plat. Déglacer la cocotte utilisée pour faire revenir votre rôti avec le cognac et incorporer la crème fraîche. Replacer le rôti accompagné des carottes et des oignons. Incorporer les tomates et les grains de poivre. Couvrir avec de l'eau jusqu'à mi-hauteur de la viande. Ajouter la gousse d'ail et le bouquet garni. Laisser mijoter 45 minutes en tournant deux fois. Rectifier l'assaisonnement à mi-cuisson (sel, poivre) sans forcer la dose. Oter le bouquet garni et la gousse d'ail avant de servir sur un plat chaud.

Une légère touche de vin blanc sec (riesling) apporterait une note originale à ce plat. Remplacer la valeur d'un verre à moutarde d'eau par le vin par exemple.

On peut également laisser mariner une nuit le rôti avant la cuisson avec le vin et les épices qui l'accompagneront ce qui lui donnerait une saveur légère de venaison.

SAUTÉ DE VEAU À LA PROVENÇALE

1,300 kg de flanchet ou de plat de côte de veau
6 gros oignons blancs ou vingt petits grelots
6 tomates moyennes bien mûres
2 belles carottes coupées en rondelles
1 tranche de lard de poitrine fumé d'un centimètre d'épaisseur coupée en petits dés
une belle gousse d'ail
1 verre de vin blanc sec
6 os à moelle de veau
6 grains de poivre noir
1 bouquet garni (thym, laurier, romarin)
sel, poivre et paprika

Gigot d'agneau à la bretonne (recette page 54).

selon goût, en accompagnement, 3 livres de petits pois frais ou 1 kg de petites pommes de terre à chair ferme

1 morceau de sucre
50 g de beurre et 4 cuillères à soupe d'huile d'arachide ou d'olive selon goût

Dans une cocotte en fonte, faire revenir à feu vif les morceaux de veau (au préalable salés, poivrés et saupoudrés de paprika) dans le mélange de beurre et d'huile. Lorsque la viande est bien dorée, ajouter les oignons, les lardons et les rondelles de carottes. Faire revenir encore 5 minutes. Mouiller d'un verre de vin blanc sec et compléter d'eau jusqu'à couvrir aux deux tiers les morceaux de viande. Incorporer les tomates coupées en quatre, les petits pois ou les pommes de terre entières, le bouquet garni, la gousse d'ail, les grains de poivre, et le morceau de sucre. Couvrir et laisser mijoter dix minutes. Entre temps, saler copieusement chaque extrémité des os à moelle. Après ces dix premières minutes de cuisson, placer les os à moelle dans la cocotte. Laisser mijoter à feu doux 20 minutes encore. Rectifier l'assaisonnement (sel, poivre). Oter le bouquet garni et servir dans le récipient de cuisson accompagné de toasts grillés pour la dégustation de la moelle. On peut éventuellement ajouter, en cours de cuisson, quelques olives noires ou vertes.

COTES DE PORC CHARCUTIÈRE

6 côtes de porc secondes ou de préférence échine (2 cm d'épaisseur)
1 kg de tomates pelées et épépinées
un gros oignon
une gousse d'ail
200 g d'olives vertes dénoyautées dont 50 g concassées
3 gros cornichons en fines rondelles
2 verres de vin blanc sec (sancerre de préférence)
un os à moelle
un pied de veau
80 g de beurre
2 cuillères à soupe d'huile d'olive
50 g de lard de poitrine fumé
un bouquet garni (thym, laurier)
sel, poivre

Préparation de la sauce:

Dans une cassolette en fonte, faire revenir les oignons, le lard et la gousse d'ail dans un mélange de beurre et d'huile pendant 3 minutes en évitant de noircir. Ajouter les tomates coupées en morceaux. Faire revenir encore 3 minutes en tournant avec une cuillère en bois. Mouiller avec le vin blanc. Ajouter le bouquet garni, puis les rondelles de cornichons, les olives entières dénoyautées et celles concassées. Rectifier l'assaisonnement (sel, poivre). Incorporer le pied de veau que vous aurez préalablement blanchi dix minutes et l'os à moelle. S'assurer en ajoutant éventuellement de l'eau que tous les ingrédients sont couverts et laisser mijoter pendant deux heures à feu très doux.

Cuisson de la viande:

Saler, poivrer et saupoudrer de thym effeuillé vos côtes de porc. Huiler légèrement la poêle et les mettre à cuire 10 minutes de chaque côté à feu moyen. Disposer vos côtes sur le plat de service, déglacer la poêle avec un filet de vin blanc sec (utilisé pour la sauce) et verser le liquide obtenu dans la sauce dont vous aurez retiré le pied de veau et l'os à moelle, en fouettant vivement juste au moment de servir. En napper d'une partie les côtes et servir l'autre en saucière.

PORC SAINT-GERMAIN

500 g de pois cassés
200 g de lard de poitrine fumé
500 g de travers de poitrine de porc demi-sel
2 queues de porc
1 oreille de porc
1 gros oignon blanc piqué d'un clou de girofle
1 gousse d'ail
1 bouquet garni (thym, laurier)
sel, poivre

Mettre dans un faitout 5 litres d'eau salée et y laisser tremper quelques heures les pois cassés. Renouveler ensuite l'eau et porter à ébullition après avoir ajouté le lard et le travers et si possible deux queues et une oreille de porc. Laisser cuire (en frémissant) pendant trois heures sans oublier d'incorporer à mi-cuisson les condiments (l'oignon piqué d'un clou de girofle, l'ail et le bouquet garni). Ecumer régulièrement. A l'issue de la cuisson, les pois cassés seront réduits en purée odorante que vous pourrez servir en même temps que les morceaux de viande.

RÔTI DE PORC AUX PRUNEAUX

1 kg à 1,500 kg de porc de préférence dans l'échine
500 g de pruneaux d'Agen,
100 g de poitrine fumée coupée en lamelles fines
20 petits oignons grelots
une gousse d'ail (rouge)
5 grains de poivre noir
5 cl de marc de bourgogne
un bouquet garni (thym, laurier, sauge)
100 g de beurre
2 cuillères à soupe d'huile d'arachide
une bouteille de bourgogne aligoté
sel, poivre

Dénoyauter les pruneaux. Placer le morceau d'échine à plat sur la table, le côté extérieur du morceau étant du côté table. Disposer dans le sens de la longueur au milieu du morceau, les lamelles de lard fumé, puis au-dessus des pruneaux dénoyautées. Saler, poivrer et saupoudrer légèrement de thym effeuillé. Rouler la viande autour des bardes maigres fumées et des pruneaux et ficeler serré votre rôti. Saler et poivrer l'extérieur. Faire revenir en cocotte dans un mélange de beurre et d'huile jusqu'à obtention d'une belle couleur dorée pendant 10 minutes à feu vif. Ajouter alors les petits oignons que vous dorerez encore 3 minutes. Retirer le rôti et les oignons et les réserver sur un plat. Déglacer la cocotte avec le marc de bourgogne. Replacer le rôti avec les oignons. Ajouter la gousse d'ail, le bouquet garni et les grains de poivre. Mouiller jusqu'à mi-hauteur de bourgogne aligoté. Laisser mijoter 45 minutes à feu moyen en tournant deux fois. Rectifier l'assaisonnement à mi-cuisson (sel, poivre) sans forcer la dose et ajouter à ce moment en garniture le reste des pruneaux dénoyautés. Avant de servir, ôter le bouquet garni et la gousse d'ail. Dresser la viande sur un plat de service, entourée des pruneaux. Réduire la sauce si besoin est, en napper d'une partie le rôti et présenter le reste en saucière. Ce plat peut être accompagné de riz blanc à la vanille ou de pommes de terre en robe des champs.

BOUDIN AUX POMMES

Vous pouvez soit acheter le boudin préparé par les soins de votre charcutier, soit le faire vous-même, si vous habitez à proximité d'un abattoir porcin.

Préparation du boudin:
(dans le cas où vous le faites vous-même)
un litre de sang de porc additionné d'un filet de vinaigre pour éviter une coagulation trop rapide
300 g de lard gras bien blanc
un bel oignon
une demi-pomme réduite en compote
sel, poivre
une pincée de thym effeuillé
un boyau de porc bien lavé et ramolli
un petit verre de calvados

Brasser ensemble ces éléments et en garnir l'intérieur du boyau que vous aurez pris soin au préalable de nouer à l'extrémité opposée. Tasser modérément et ligaturer l'autre bout de la chaussette ainsi formée. Cuire une demi-heure dans une casserole d'eau bouillante salée additionnée d'un petit verre de calvados et d'un bouquet garni (thym, laurier). Après cuisson, laisser refroidir quelques heures afin que votre boudin durcisse et se tienne en forme.

Préparation de la compote d'accompagnement:
1,500 kg de belles pommes à caractère acide et pas trop mûres
10 morceaux de sucre
3 pincées de sel
2 tours de moulin à poivre

Peler vos pommes et les détailler en menus morceaux dans une casserole. Ajouter le sucre, le sel et le poivre puis mouiller d'un verre d'eau. Cuire à feu doux vingt minutes environ jusqu'à obtention d'une belle compote blonde d'où s'échappe de grosses bulles d'air qui éclatent bruyamment. Garder au chaud le temps de griller votre

Boudin aux pommes

boudin. Ne pas omettre de piquer celui-ci avant de le mettre sur le gril ou dans la poêle. Servir sur assiette chaude, accompagné de la compote.

BROCHETTES DE FOIE

600 g de foie de veau ou d'agneau
4 gros oignons (blancs de préférence)
4 tomates pas trop mûres
2 tranches (1 cm d'épaisseur) de lard de poitrine fumé coupées en gros dés
2 gros épis de maïs bouillis coupés en rondelles de 2 cm d'épaisseur
4 chipolatas sectionnées en morceaux de 5 cm
thym effeuillé
paprika
persil haché
une gousse d'ail hachée
un demi-verre d'huile d'arachide
sel, poivre

Détailler le morceau de foie en gros dés (en prévoir quatre par brochettes). Utiliser de préférence des brochettes à section aplatie pour faciliter les retournements. Enfiler d'abord un morceau d'oignon qui tiendra mieux l'ensemble par sa rigidité puis un morceau de tomate, un lardon, un morceau de foie, un morceau de maïs, un morceau de chipolata. Recommencer l'opération jusqu'à ce que la brochette soit remplie et terminer avec un morceau d'oignon ou de maïs. Badigeonner d'huile, saler et poivrer assez copieusement. Saupoudrer de thym et de paprika. Griller de préférence sur des braises 12 minutes en retournant plusieurs fois pour assurer une cuisson régulière de tous côtés; lors des deux derniers retournements, parsemer légèrement d'un mélange d'ail et de persil hachés. Servir les brochettes accompagnées, soit de riz, soit de pommes de terre cuites sous la cendre.

BROCHETTES DE RIS DE VEAU

600 g de ris de veau
oignons doux (blancs ou roses, une botte s'il s'agit de petits oignons, ou 4 oignons moyens)
4 tomates pas trop mûres
2 grosses carottes coupées en rondelles épaisses
2 tranches d'un centimètre d'épaisseur de lard de poitrine fumée coupées en gros dés
une aubergine épluchée et coupée en rondelles d'un bon centimètre d'épaisseur
sel, poivre
thym effeuillé (modérément)
une pointe de paprika
un demi-verre d'huile d'arachide
un petit verre de cognac

Faire pocher les ris de veau à l'eau bouillante légèrement vinaigrée 5 minutes. Les épiauler soigneusement et les escaloper en rondelles de 2 centimètres d'épaisseur.

Réalisation des brochettes:

Enfiler successivement sur chaque brochette une rondelle de carotte, un morceau d'oignon, un morceau de tomate, de ris de veau, un lardon, un morceau d'aubergine; recommencer l'opération jusqu'à ce que la brochette soit remplie et la terminer par une rondelle de carotte. Badigeonner d'huile, saler, poivrer et saupoudrer de légères pincées de thym et de paprika. Dorer de préférence sur des braises 10 à 12 minutes en retournant plusieurs fois pour assurer une cuisson régulière de tous côtés. Lors du dernier retournement, arroser hors du feu chaque brochette de quelques gouttes de cognac versé de préférence sur les morceaux de ris de veau. Servir les brochettes accompagnées soit de riz, soit de pommes de terre cuites sous la cendre.

BROCHETTES DE ROGNONS D'AGNEAU

12 rognons d'agneau
4 gros oignons (blancs de préférence)
4 tomates pas trop mûres
2 poivrons verts
1 poivron rouge
2 tranches (1 cm d'épaisseur) de lard de poitrine fumée coupées en gros dés
1 épi de maïs bouilli coupé en rondelles
sel, poivre
herbes de Provence
un demi-verre d'huile d'arachide ou d'olive selon goût

Epiauler les rognons en commençant par soulever un coin de pellicule blanche avec la pointe d'un couteau. Ouvrir en deux vos rognons dans le sens de la longueur et enlever sur chaque côté la partie filandreuse plus claire. Couper à l'avance en gros morceaux les oignons, les tomates et les poivrons. Utiliser de préférence des brochettes à section aplatie pour faciliter les retournements. Enfiler d'abord un morceau d'oignon qui tiendra mieux l'ensemble par sa ridigité puis un lardon, un morceau de tomate, un morceau de poivron vert ou rouge et enfin un demi-rognon que vous aurez replié en deux. Recommencer l'opération jusqu'au milieu de la brochette ou vous placerez la rondelle de maïs piquée en son centre. Terminer la brochette avec un morceau d'oignon. Badigeonner légèrement d'huile, saler, poivrer assez copieusement et saupoudrer d'herbes de Provence. Griller de préférence sur des braises 10 minutes en retournant plusieurs fois pour assurer une cuisson régulière de tous côtés. Servir les brochettes accompagnées d'une salade de riz à la tomate et aux olives.

CERVELLE AU BEURRE NOIR

une cervelle d'agneau par personne
150 g de beurre
une branche de persil hachée
10 cl de vinaigre
un petit verre de câpres
un blanc de poireau
un gros oignon blanc
une carotte
un bouquet garni (thym, laurier, persil)
sel, poivre

Laver et sécher soigneusement les cervelles. Porter à ébullition une casserole d'eau salée, poivrée et légèrement vinaigrée dans laquelle vous aurez mis un blanc de poireau, un gros oignon blanc, une carotte émincée et un bouquet garni. Laisser bouillir 10 minutes avant d'y pocher vos cervelles à feu doux dix minutes encore. Egoutter avec soin. Entre temps, faire fondre le beurre dans la poêle et le chauffer jusqu'à obtention d'une belle couleur brune, sans exagération. Hors du feu, ajouter avec précaution le vinaigre, puis les câpres et un demi-verre du bouillon de cuisson. Disposer les cervelles dans la poêle. Replacer celle-ci sur le feu et faire réduire la sauce d'un tiers à feu vif en arrosant continuellement les cervelles. Servir sur assiettes chaudes avec des petites pommes de terre à l'eau à chair ferme. Agrémenter de persil et napper de beurre noir aux câpres.

CERVELLE MEUNIÈRE

une cervelle d'agneau par personne
125 g de beurre
2 cuillères à soupe de farine
une branche de persil haché
un filet de vinaigre
sel, poivre

Laver et sécher soigneusement les cervelles. Porter à ébullition une casserole d'eau salée et légèrement vinaigrée. Y plonger les cervelles et laisser frémir 3 minutes à feu doux. Egoutter avec soin. Faire chauffer la poêle avec le beurre jusqu'à obtention d'une couleur blond clair. Saler, poivrer les cervelles. Les rouler légèrement dans la farine et les mettre à rissoler dans le beurre blond pendant 5 minutes. Servir sur assiette chaude, agrémenter de persil haché et napper chaque cervelle d'une bonne cuillère à soupe de beurre de cuisson éventuellement allongé de beurre frais.

FOIE AUX RAISINS

800 g à 900 g de foie d'agneau bien clair
1 petit pot de 10 cl de crème fraîche
1 belle grappe de raisin frais blanc (muscat d'Italie de préférence) ou hors saison, 3 cuillères à soupe de raisins de Corinthe mis à tremper au préalable dans un verre de porto blanc
20 petits oignons
1 gousse d'ail hachée grossièrement
1 pincée de thym effeuillé
40 g de beurre
2 cuillères à soupe d'huile d'arachide
1 tranche de lard de poitrine fumé coupée en petits dés
sel, poivre

Demander à votre tripier un beau lobe de foie d'agneau coupé bien à plat de manière à avoir une épaisseur (3 cm) la plus régulière possible. Oter la pellicule de peau qui peut éventuellement rester accrochée. Saler, poivrer assez copieusement et saupoudrer légèrement de thym effeuillé les deux faces. Piquer régulièrement la surface du foie avec la pointe d'un couteau des deux côtés.

Dans une poêle creuse en fonte, faire fondre le beurre avec l'huile d'arachide. Faire revenir quelques instants les petits oignons et lorsqu'ils commencent à blondir, saisir vivement votre foie deux minutes de chaque côté. Baisser les feux. Ajouter le lard, la gousse d'ail hachée et les raisins (coupés en deux et épépinés dans le cas de raisins frais). Laisser mijoter 3 minutes. Verser le porto, puis flamber vivement (le porto étant relativement peu alcoolisé, la flamme est très brève). Adjoindre la crème fraîche. Rectifier l'assaisonnement. Cuire à couvert à feu doux 10 minutes en retournant une fois. Servir entier dans un plat préalablement chauffé et couper à la demande en aiguillettes en distribuant à chacun sa part de raisins, de lardons et de sauce. Accompagner de riz ou de pommes de terre en robe des champs.

LANGUE DE VEAU (OU DE BŒUF) SAUCE PIQUANTE

deux langues de veau ou une langue de bœuf
deux oignons piqués chacun d'un clou de girofle
deux carottes
un navet
deux blancs de poireaux
une tomate
un bouquet garni (thym, laurier, romarin)
une branche de persil
une branche de céleri
un demi-verre de vinaigre
douze pommes de terre à chair ferme à rajouter à mi-cuisson

Faire blanchir les langues de veau (ou la langue de bœuf) dans de l'eau bouillante salée additionnée d'un filet de vinaigre pendant un quart d'heure. Les égoutter. Les placer dans un faitout. Les recouvrir de 10 cm d'eau. Saler et poivrer. Porter à ébullition et laisser bouillir 20 minutes en écumant régulièrement. Ajouter ensuite les légumes (carottes, navets, oignons, blancs de poireaux, tomate, branche de persil, branche de céleri, bouquet garni). Cuire à feu moyen pendant une heure. Ne pas omettre d'incorporer les pommes de terre à mi-cuisson. Piquer les langues avec une fourchette afin de vérifier si la cuisson est à cœur. Egoutter à nouveau. Oter la peau rugueuse des langues.

Préparation de la sauce piquante
3 cuillères à soupe de farine
125 g de beurre
1 verre à moutarde (10 cl) de vinaigre
1 sucre
5 à 10 cl de madère
100 g de cornichons coupés en rondelles assez fines
une pincée de piment de cayenne
25 cl de bouillon de cuisson de la langue
150 g de rondelles de carottes ayant cuit dans le bouillon
sel, poivre

Dans une grande poêle creuse en fonte, faire un roux avec le mélange beurre farine, celui-ci devant être de couleur ambrée soutenue; déglacer à feu doux avec le madère, puis le vinaigre. Ajouter les 25 cl de bouillon de cuisson d'un seul coup. Incorporer alors vos langues coupées en tranches et le morceau de sucre. Parsemer de rondelles de cornichons et de carottes. Rectifier l'assaisonnement sel, poivre, piment de cayenne et laisser mijoter quelques minutes à feu doux pour bien imprégner la viande. Servir chaud accompagné des pommes de terre épluchées.

RIS DE VEAU À L'ANCIENNE

1 kg de ris de veau
50 cl de crème fraîche
une petite pincée de thym effeuillé
un bel oignon blanc haché finement
une toute petite gousse d'ail hachée finement
50 g de beurre
2 cuillères à soupe d'huile d'arachide
10 cl de cognac
une cuillère à soupe rase de farine
sel, poivre
6 tranches de pain de mie
éventuellement 300 g de champignons de Paris émincés
une râpure de noix de muscade

Mettre les ris de veau à dégorger dans de l'eau légèrement vinaigrée, environ 4 heures. Les placer ensuite dans une casserole d'eau froide normalement salée et porter à ébullition. Les égoutter et les rafraîchir sous l'eau froide. Bien ôter les parties filandreuses et éventuellement les cartilages. Les couper en morceaux réguliers de manière à ce qu'il y ait au moins trois morceaux par portion. Dans une poêle en fonte creuse, faire revenir dans un mélange beurre et huile, l'oignon blanc et l'ail hachés jusqu'à ce que l'oignon soit transparent. Ajouter alors les ris de veau et laisser rissoler quelques instants sans toutefois dorer. Saupoudrer de la cuillère de farine. Mouiller de cognac et flamber. Saler, poivrer. Ajouter un verre d'eau, le thym et selon goût une râpure de noix de muscade. Couvrir et laisser cuire très lentement 20 minutes. Découvrir, égoutter les ris de veau et les conserver au chaud sur un plat muni d'un couvercle pour éviter leur dessèchement. Entre temps, réduire d'un tiers le jus de cuisson contenu dans la poêle, celui-ci ne devant pas excéder en tout état de cause 1 centimètre d'épaisseur au fond de la poêle. Passer ce jus au chinois avant d'y mêler la crème fraîche. Replacer les ris de veau dans la poêle avec ce mélange. Réduire à feu moyen quelques instants et rectifier, si besoin est, l'assaisonnement avant de servir sur des tranches de pain de mie frites au beurre et accompagné de riz blanc légèrement vanillé. A cette sauce peuvent être ajoutés des champignons de Paris émincés revenus au beurre, égouttés et incorporés au moment où la crème fraîche est mêlée au jus de cuisson.

RIS DE VEAU AUX PETITS LÉGUMES

1 kg de ris de veau
une pincée de thym effeuillé
10 petits oignons blancs
une gousse d'ail
une livre de petits pois
3 carottes coupées en petits dés
une grosse pomme de terre coupée en petits dés
une tomate très ferme épépinée
une feuille de laitue
6 petits navets nouveaux entiers
un gros navet coupé en petits dés
un morceau de 100 g de céleri-rave en petits dés
50 g de lard de poitrine fumé coupé en petits dés
un bouquet garni (thym, laurier, persil)
une bonne cuillère à soupe de moutarde
5 cl de cognac (ou armagnac ou calvados)
50 g de beurre
2 cuillères à soupe d'huile d'arachide
sel, poivre

Mettre les ris de veau à dégorger dans de l'eau légèrement vinaigrée environ 4 heures. Les placer ensuite dans une casserole d'eau froide normalement salée et porter à ébullition. Les égoutter et les rafraîchir sous l'eau froide. Bien ôter les parties filandreuses et éventuellement les cartilages. Les couper en morceaux réguliers de manière à ce qu'il y ait au moins trois morceaux par portion.

Dans une poêle en fonte creuse, faire revenir dans un mélange beurre et huile les oignons blancs, les petits lardons et les ris de veau saupoudrés de thym effeuillé, jusqu'à ce que l'ensemble commence à dorer. Mouiller de cognac et flamber. Ajouter alors les légumes, saler, poivrer et rissoler encore quelques instants. Dissoudre la moutarde dans un verre d'eau tiède et l'incorporer au tout. Placer le bouquet garni et l'ail. Couvrir et laisser mijoter 30 minutes à feu très doux en tournant de temps en temps. Ouvrir et vérifier que le jus de cuisson a pratiquement totalement disparu, rectifier l'assaisonnement et servir dans le récipient de cuisson.

ROGNONS BORDELAISE

1,500 kg de rognons de génisse bien clairs (broutard de préférence)
2 gros oignons hachés grossièrement
une gousse d'ail
2 cuillères à soupe de farine
une bouteille de bordeaux (médoc)
100 g de beurre
3 cuillères à soupe d'huile d'arachide
un bouquet garni (thym, laurier, persil et sauge)
sel, poivre, paprika
100 g de lard de poitrine fumée coupée en petits dés

Couper les oignons en carré de 3 × 3 centimètres. Enlever le blanc et les filandres. Saler et poivrer les morceaux de rognons étalés sur une planche et les saupoudrer modérément de paprika. Dans une cocotte ou une poêle creuse en fonte, faire revenir 5 minutes les rognons dans le mélange beurre et huile. Lorsqu'ils commencent à peine à dorer, ajouter les oignons et l'ail et frire encore 3 minutes. Saupoudrer de farine et mélanger le tout 2 minutes à feu vif. Mouiller d'un seul coup avec le vin. Ajouter le bouquet garni et laisser mijoter à couvert un quart d'heure. Découvrir, rectifier l'assaisonnement et faire réduire jusqu'à obtention d'une consistance légèrement crémeuse. Servir avec du riz blanc cuit avec un petit morceau de gousse de vanille.

ROGNONS D'AGNEAU À LA CRÈME FLAMBÉS

12 rognons d'agneau
un petit pot de crème (10 cl)
une pincée de thym effeuillé
une pointe de paprika
20 petits oignons blancs ou grelots
une gousse d'ail grossièrement hachée
25 g de beurre
2 cuillères à soupe d'huile d'arachide
10 cl de cognac
sel, poivre

Rognons d'agneau à la crème flambés

Épiauler les rognons en commençant par soulever un coin de pellicule blanche avec la pointe d'un couteau. Ouvrir en deux vos rognons dans le sens de la longueur et enlever sur chaque côté la partie filandreuse plus claire. Saler, poivrer légèrement les rognons. Mettre à fondre le beurre dans une poêle creuse en fonte avec l'huile d'arachide. Faire revenir quelques instants les petits oignons. Dès qu'ils commencent à peine à dorer, disposer les rognons dans la poêle tous sur une même face de manière à être certain qu'ils aient tous eu approximativement le même temps de cuisson. Frire doucement 5 minutes puis les retourner, ajouter l'ail et les cuire encore 5 autres minutes. Verser le cognac dans la poêle puis flamber; incorporer alors la crème fraîche, rectifier l'assaisonnement (sel, poivre, paprika et thym effeuillé). Laisser épaissir à feu doux et à couvert 3 à 5 minutes. Servir dans la poêle de cuisson accompagnés de riz blanc très légèrement vanillé.

ROGNONS SAUCE MADÈRE

750 g de rognons de génisse
8 beaux oignons blancs (2 cm de diamètre environ)
une gousse d'ail
1 petite branche de thym
1 branche de persil haché
2 grains de poivre
1 petite feuille de laurier
1 pincée de romarin
sel, poivre, paprika, cayenne
1 verre de madère
3 cuillères à soupe d'huile d'olive
25 g de beurre

Tripes à la mode de Caen

Couper les rognons en carrés de 3×3 cm. Enlever les parties blanches et filandreuses de vos rognons. Les saler, les poivrer et les saupoudrer de paprika. Mettre dans une casserole 3 cuillères d'huile d'olive et le beurre. Lorsque les graisses sont chaudes, faire dorer les oignons blancs émincés, incorporer les morceaux de rognon et les grains de poivre. Dès que les rognons rendent leur eau, ajouter l'ail, le madère, saupoudrer de thym et de persil et laisser réduire jusqu'à ce que les morceaux de rognons affleurent la surface de la sauce. Rectifier l'assaisonnement (sel, poivre, paprika, cayenne). Servir avec du riz blanc très légèrement vanillé, des pommes de terre en robe des champs ou des pâtes.

TÊTE DE VEAU SAUCE GRIBICHE (OU AUTRES SAUCES)

une tête de veau d'1,750 kg à 2 kg
une demi-langue de veau
2 oignons piqués chacun d'un clou de girofle
2 carottes
1 navet
2 blancs de poireaux
1 tomate
1 bouquet garni (thym, laurier, romarin)
1 branche de persil
1 branche de céleri
12 pommes de terre à chair ferme à rajouter à mi-cuisson
1 demi-verre de vinaigre
sel, poivre

Faire blanchir les viandes dans de l'eau bouillante salée additionnée d'un filet de vinaigre pendant un quart d'heure. Les égoutter, les placer dans un faitout et les recouvrir de 10 centimètres d'eau. Saler et poivrer. Porter à ébullition et bouillir 20 minutes en écumant régulièrement. Ajouter ensuite les carottes, le navet, les oignons, les blancs de poireaux, la tomate, la branche de céleri, la branche de persil et le bouquet garni. Cuire à feu moyen pendant une heure. Ne pas omettre d'incorporer les pommes de terre à mi-cuisson. Piquer votre langue de veau, pour vérifier si la cuisson est à cœur. Servir les viandes égouttées entourées des pommes de terre et des sauces d'accompagnement (gribiche et autres). Ne pas oublier d'éplucher votre demi-langue de veau.

Préparation de la sauce gribiche:
2 jaunes d'œufs durs
1 cuillère à soupe de moutarde
15 à 20 cl d'huile d'arachide
1 cuillère à soupe de vinaigre
1 branche de persil hachée
1 branche d'estragon hachée
1 petite échalote
les blancs d'œufs hachés très finement
1 pincée de paprika
sel, poivre

Réduire en purée lisse les jaunes d'œufs durcis. Les mêler avec la moutarde et monter le tout en une sorte de mayonnaise en ajoutant l'huile peu à peu. Agrémenter d'un filet de vinaigre, puis incorporer les herbes (persil et estragon), l'échalote hachée finement et en dernier le hachis de blancs d'œufs. Rectifier l'assaisonnement: sel, poivre, paprika.

Votre tête de veau peut être également servie avec une mayonnaise simple relevée d'ail et de tomate, d'une vinaigrette à l'oignon blanc et ciboulette agrémentée de moutarde et enfin, d'une sauce verte aux câpres légèrement pimentée.

TRIPES À LA MODE DE CAEN

1 kg de gras double blanchi coupé en petits carrés
2 pieds de veau fendus et coupés
6 oignons moyens
3 belles carottes coupées en rondelles
1 bouquet garni (thym, laurier, persil, sauge)
2 gousses d'ail
2 oignons blancs avec tige
1 litre de cidre brut
10 cl de calvados
100 g de farine pour luter la cocotte
1/2 cuillère à café de « quatre-épices »
4 clous de girofle
3 cuillères à soupe d'huile d'arachide
sel et poivre

Dans une cocotte en fonte ou mieux en terre (Römertopf), faire revenir dans l'huile les oignons (blonds ou blancs) et l'ail haché puis les carottes jusqu'à ce que les oignons deviennent transparents sans blondir.

Ajouter le gras double et les pieds de veau en remuant quelques instants pour bien répartir les morceaux.

Saler et poivrer puis introduire les clous de girofle, le bouquet garni et la 1/2 cuillère à café de « quatre épices ».

Arroser de calvados et flamber puis recouvrir le tout de cidre.

Bien remuer sur feu doux jusqu'à ébullition et laisser frémir cinq à sept minutes.

Faire rapidement une pâte épaisse avec de la farine et de l'eau, couvrir la marmite et sceller le couvercle avec celle-ci.

Placer la marmite dans le four à feu doux pendant huit heures.

En fin de cuisson, ôter les os et le bouquet garni et servir dans des assiettes très chaudes.

VOLAILLES ET GIBIERS

CAILLES AUX RAISINS

6 belles cailles plumées et vidées (foies et gésiers conservés)
raisins (soit en saison une livre de muscat de Hambourg noir ou de muscat blanc d'Italie, soit hors saison 250 g de raisin de Smyrne que vous aurez mis à tremper dans un mélange à quantité égale d'eau et de marc de bourgogne quelques heures avant utilisation)
une botte de petits oignons blancs
une gousse d'ail
si possible 250 g de champignons sauvages (girolles, rosés des prés, grisets...)
une petite tranche (125 g) de lard fumé coupé en petits dés
une carotte nouvelle en fines rondelles
10 cl de marc de Bourgogne
20 cl de crème fraîche
quelques grains de poivre
un bouquet garni (thym, laurier)
125 g de beurre (pour la cuisson)
20 g de beurre pour garnir l'intérieur des cailles
3 cuillères d'huile d'arachide
sel, poivre

Faire fondre en cocotte le mélange beurre et huile; entre temps, saler et poivrer intérieurement et extérieurement les cailles. Garnir l'intérieur avec les abats de chacune, une noisette de beurre et plusieurs grains de raisins. Brider et mettre à rissoler dans la cocotte. Lorsque les cailles commencent à blondir de tous côtés, ajouter les lardons et les petits oignons blancs. Continuer à rissoler les cailles et leur accompagnement jusqu'à ce que vos oiseaux prennent une couleur franchement dorée. Déglacer alors avec le marc de Bourgogne en flambant le tout. Incorporer les champignons soigneusement lavés et coupés en morceaux en même temps que le bouquet garni, la gousse d'ail entière, les rondelles de carotte et le reste des raisins. Parsemer de quelques grains de poivre. Relever l'assaisonnement. Mouiller à mi-hauteur des oiseaux avec l'eau. Couvrir et laisser mijoter à feu moyen un quart d'heure à vingt minutes selon la grosseur des cailles. Ouvrir la cocotte, faire réduire le surplus de sauce. Celle-ci ne devant pas excéder un centimètre d'épaisseur au fond de la cocotte. Oter le bouquet garni et la gousse d'ail. Ajouter alors hors du feu la crème fraîche en mélangeant avec soin. Replacer le tout quelques instants à feu doux jusqu'à léger frémissement de la sauce. Disposer les cailles sur un plat de service en terre cuite brune très chaud nappées de la sauce obtenue, entourées de raisins et de champignons. On peut accompagner ce plat de riz cuit avec un morceau de gousse de vanille ou de petites pommes de terre cuites sous la cendre. Un bon Sancerre blanc sera le bienvenu.

CAILLES FORESTIÈRES

3 cailles par personne
100 g de mie de pain trempé dans du lait
250 g de chair à galantine
1 boîte de pelures de truffes
2 tranches très fines de lard de poitrine fumé maigre
1 livre de girolles, rosés des prés ou à défaut de petits champignons de Paris
100 g de lard fumé en petits dés
12 oignons grelots
1 gousse d'ail
50 g de beurre
1 cuillère à soupe d'huile d'arachide
20 cl de crème fraîche
10 cl de calvados ou de cognac
sel, poivre

Préparation de la farce:

Dans un mortier, mêler intimement la chair à galantine, la mie de pain et les pelures de truffes égouttées (conserver le jus). Mouiller avec 5 cl d'alcool (cognac ou calvados). Saler et poivrer selon goût.

Cuisson des cailles:

Flamber les cailles, les farcir et les brider. Les entourer d'une mince tranche de lard fumé et les ficeler. Dans une cocotte en fonte, faire revenir les oiseaux dans un mélange de beurre et d'huile avec les petits dés de lard, les oignons et l'ail. Entre temps, faire blanchir les champignons 5 minutes à l'eau bouillante salée. Lorsque les cailles sont bien rôties (dorées), déglacer la cocotte avec l'alcool restant et flamber. Ajouter les champignons, mouiller d'un verre d'eau et du jus des truffes, saler et poivrer. Laisser mijoter dix minutes à feu moyen. Ouvrir la cocotte, incorporer la crème fraîche, faire épaissir à feu doux quelques minutes. Servir dans une assiette chaude sur canapés de pain de mie frits au beurre.

CANARD AU SANG À LA ROUENNAISE

1 canard de 1,800 kg que vous commanderez à l'avance de manière à pouvoir obtenir son sang (additionné de deux cuillères à soupe de vinaigre pour éviter sa coagulation)
3 oignons blonds dont: 2 hachés grossièrement, 1 haché et pilé au mortier
2 gousses d'ail dont: 1 hachée grossièrement, 1 hachée et pilée au mortier
1 échalote hachée et pilée
1/2 tomate bien mûre
1 carotte nouvelle
2 petits bouquets garnis (thym, laurier, romarin, persil)
2 pincées de thym effeuillé
2 pincées de romarin sec effeuillé et pilé
1 tranche de lard de poitrine fumé de 1/2 cm d'épaisseur coupée en très petits dés (100 g)
150 g de beurre
10 cl de vieux calvados
50 cl de crème fraîche
1 verre de cidre
sel et poivre

Préparation du canard:

Vider (ou mieux, faire vider) votre canard en réservant le foie, le cœur et le gésier.

Canard au sang à la rouennaise

Placer à l'intérieur 50 g de beurre, un bouquet garni, une 1/2 tomate, les deux oignons et 1 gousse d'ail (hachés grossièrement) et quelques dés de lard.

Saler et poivrer (1/2 cuillère à café de sel fin et six tours de moulin à poivre).

Brider le canard, enduire l'extérieur avec 25 g de beurre fondu.

Saler, poivrer et saupoudrer de thym et de romarin.

Mettre à four chaud (th. 7) et laisser cuire 40 minutes.

Préparation de la sauce:

Hacher assez finement le foie, le gésier et le cœur.

Faire fondre 75 g de beurre dans une casserole d'acier.

Faire blanchir dans ce beurre le reste d'oignons, d'ail et d'échalote.

Ajouter le foie, le gésier et le cœur et faire revenir pendant trois minutes à feu doux.

Flamber hors du feu, incorporer le bouquet garni et mouiller avec le verre de cidre.

Saler, poivrer.

Couvrir et laisser mijoter 25 minutes à feu doux.

Après cuisson, passer le mélange au chinois et garder au chaud.

Lorsque le canard est à point, prélever son jus de cuisson et l'ajouter à la sauce (replacer le canard au chaud).

Incorporer la crème fraîche.

Faire réduire quelques minutes à feu moyen puis ajouter, en fouettant vivement, le sang du canard.

Chauffer à feu doux en tournant jusqu'à frémissement et servir en saucière avec le canard.

Les légumes conseillés sont les pommes de terre en robe des champs ou mieux, cuites sous la cendre.

CANARD À L'ORANGE

un caneton nantais (2 kg)
5 petits oignons blancs ou grelots
50 g de lard de poitrine fumé coupé en petits dés
100 g de beurre
3 cuillères à soupe d'huile d'arachide
1,500 kg d'oranges (maltaises de Tunisie de préférence non traitées)
5 cl de liqueur d'orange
un petit bouquet garni (thym, laurier)
5 morceaux de sucre
5 cuillères à café de vinaigre
2 verres de vin blanc doux
sel, poivre

Vider (ou mieux faire vider) votre caneton en réservant le foie, le cœur et le gésier. Flamber votre volaille, puis l'ébarber soigneusement. Saler, poivrer généreusement l'extérieur et l'intérieur de la volaille dans lequel vous aurez glissé une branche de thym, une feuille de laurier, un petit oignon, 25 g de beurre, les abats et un quart d'orange avec son zeste détaillé en menus morceaux et la brider. Dans une grande cocotte en fonte, faire dorer de tous côtés votre caneton et les lardons avec le beurre restant et l'huile; le retirer et le garder au chaud. Déglacer la cocotte avec la liqueur d'orange, flamber, mouiller de deux verres de vin blanc doux (montbazillac, jurançon ou coteau du Layon) et d'un verre de jus d'orange. Replacer le canard dans la cocotte, couvrir et laisser mijoter 35 minutes à feu moyen en tournant deux fois; la cuisson peut être considérée obtenue lorsque le liquide de cuisson a pratiquement disparu. Pendant la cuisson du canard, préparer le fond de sauce suivant: dans une casserole en acier, placer 5 morceaux de sucre légèrement mouillés avec 5 cuillères à café de vinaigre. Faire un caramel blond et l'allonger ensuite d'un verre de jus d'orange, y ajouter le zeste blanchi d'une demi-orange et porter à ébullition dix minutes. Réserver au chaud; lorsque le caneton est cuit, le disposer sur le plat de service. Garnir de demi-rondelles d'orange ciselées le plat et le canard. Réduire jusqu'à couleur blonde le jus de la cocotte. Le mouiller du fond de sauce préparé, fouetter vivement pour obtenir un liquide brun doré; réduire encore quelques instants; rectifier l'assaisonnement (sel, poivre) et passer au chinois afin d'ôter toutes les éventuelles impuretés de cuisson. En napper d'une partie le canard au moment de servir, le reste étant proposé à table en saucière.

CANARD AU POIVRE VERT ET AUX NAVETS

un canard de Barbarie de 2 kg
3 livres de navets blancs longs ou jaunes ronds
une tranche de lard fumé de 200 g
25 cl de crème fraîche
125 g de beurre
huile d'olive
une belle gousse d'ail
3 petits oignons
4 cuillères à soupe de poivre vert
thym, romarin, estragon, muscade râpée, persil
un demi-verre de madère

Faire préparer le canard (ou mieux le préparer soi-même). Réserver le foie, le gésier, le cœur, le cou et la graisse excédentaire interne. Rouler le beurre dans le mélange suivant, avant d'en garnir l'intérieur du canard: thym (2 pincées), romarin (2 pincées), estragon (2 pincées), sel, poivre, ail et oignons hachés, muscade râpée et deux cuillères à soupe de poivre vert. Couper un tiers du lard fumé en fines lamelles et en piquer le canard. Enduire l'extérieur du canard au pinceau avec de l'huile d'olive, le saler, le poivrer et le saupoudrer de thym et de romarin. Mettre à cuire au four une heure à thermostat 8 en retournant quatre fois. Transpercer le canard en fin de cuisson pour récupérer le jus que vous utiliserez pour la cuisson des navets. Cuire les navets 10 minutes à l'eau bouillante salée et les égoutter. Faire revenir en cocotte le reste du lard fumé en petits dés dans le jus du canard, incorporer les navets et les laisser blondir, puis déglacer la cocotte avec un demi-verre de madère et flamber. Verser ensuite la crème fraîche et deux cuillères à soupe de poivre vert. Saler, poivrer selon goût et relever d'une pointe d'ail et d'épices (thym, romarin, muscade). Faire réduire la sauce et servir chaud.

CANARD FARCI AUX CHAMPIGNONS SAUVAGES

un beau canard de Barbarie, pas trop gros et avec ses abats
10 cl d'armagnac ou de cognac
200 g de foie de volaille
1 kg de champignons sauvages (girolles, trompettes de la mort, pleurotes, cèpes ou rosés des prés)
une gousse d'ail et branche de persil
une pincée de thym effeuillé, une branche de fenouil, une petite feuille de laurier
50 g de beurre
20 cl de crème fraîche
2 tranches de lard fumé très fines
2 cuillères d'huile de noix
sel, poivre

La veille de la préparation, vider votre canard et réserver les abats (foie, gésier).

Hacher ces abats avec les foies de volaille supplémentaires, saler, poivrer, arroser de cognac ou d'armagnac et garder au frais jusqu'au lendemain.

Garnir abondamment l'intérieur du canard avec un mélange de champignons, de beurre, de lardons et d'abats hachés dont vous avez rectifié l'assaisonnement (thym effeuillé, sel, poivre, gousse d'ail et branche de persil).

Canard farci aux champignons sauvages

Caneton nantais

Recoudre soigneusement le canard, le saler, le poivrer et ajouter le laurier (la feuille de laurier étant passée sous la ficelle qui maintient les ailes). Badigeonner d'huile de noix.

La meilleure façon de le cuire est de l'envelopper d'un papier d'aluminium ou de grandes feuilles de chou ficelées. Déposer le paquet ainsi obtenu sur un lit de braise et le recouvrir d'un petit fagot de bois. Votre canard est cuit en 25 minutes.

En ville, l'envelopper de papier d'aluminium ou de grandes feuilles de chou et le mettre à four chaud (thermostat 8) pendant 20 minutes. Le développer puis le dorer en cocotte dans son jus trente minutes environ. Dresser et réserver au chaud sur le plat de service. Déglacer la cocotte avec le reste de cognac puis la crème fraîche pour obtenir une sauce d'accompagnement. Réduire d'un tiers et servir avec une persillade des mêmes champignons que ceux utilisés pour la farce.

CANETON NANTAIS

1 caneton nantais de 2 kg
1 kg de petit pois frais
6 belles feuilles de laitue
10 petits oignons blancs
1 belle carotte
150 g de lard de poitrine fumé coupée en petits dés
125 g de beurre
3 cuillerées à soupe d'huile d'arachide
sel, poivre
1 petit bouquet garni (thym, laurier, estragon)
1 branche de thym
1 feuille de laurier
1 morceau de sucre
1/4 de litre de muscadet

Vider (ou mieux, faire vider) votre caneton en réservant le foie, le cœur et le gésier. Flamber votre volaille, puis l'ébarber soigneusement. Saler. Poivrer copieusement l'extérieur et l'intérieur (dans lequel vous aurez glissé une branche de thym, une feuille de laurier et 25 g de beurre). La brider.

Dans une grande cocotte en fonte, faire dorer de tous côtés votre caneton avec le beurre restant et l'huile, le retirer et le garder au chaud. Dans la même cocotte, faire revenir ensemble à feu doux, les petits pois, la carotte en rondelles, les lardons, les oignons et les abats que vous avez conservés à cet effet. Saler et poivrer modérément (les lardons sont déjà salés). Lorsque les oignons commencent à fondre (la chair devenant transparente), mouiller avec le muscat, et ajouter la laitue, le morceau de sucre et le bouquet garni. Replacer le caneton au centre des petits pois et autres légumes. L'arroser avec des cuillerées de jus contenu dans la cocotte. Porter à ébullition à feu vif. Dès que le jus commence à frémir, finir la cuisson, à couvert, à four doux pendant 40 minutes.

Lorsque le caneton est cuit, le dresser sur un plat de service. Faire réduire le jus restant avec les légumes jusqu'à sa presque totale évaporation en tournant avec une cuillère de bois pour éviter que les légumes n'attachent. Lorsqu'il ne reste pratiquement plus que les légumes, ôter le bouquet garni et disposer ceux-ci autour du caneton. Servir immédiatement sur chauffe-plat.

MAGRETS DE CANARD AU VINAIGRE

6 magrets de canard d'environ 200 g
2 belles échalotes grises hachées grossièrement
poivre concassé
sel
10 cl de vinaigre de vin vieux
80 g de beurre
une cuillère à soupe d'huile d'arachide
5 cl de marc de raisin
2 pincées de thym effeuillé
une cuillère à café de sucre en poudre rase

Dans une poêle creuse en fonte, faire fondre le beurre additionné de la cuillère d'huile; y faire suer (c'est-à-dire rendre transparentes) les échalotes grises hachées, puis rissoler les magrets au préalable salés et parsemés de poivre concassé et de thym effeuillé jusqu'à ce qu'ils soient légèrement dorés de chaque côté (à feu moyen) l'intérieur des magrets devant rester rosé; pour ce faire, les piquer et vérifier qu'il en sort une goutte de lymphe blanc rosé. Retirer les magrets et les réserver au chaud. Déglacer avec le marc de raisin, flamber, ajouter le sucre, puis le vinaigre. Faire réduire d'un tiers et verser sur les magrets que vous servirez avec de toutes petites pommes de terre en robe des champs.

CANARD AUX OIGNONS

un canard de Barbarie d'1,500 kg
une tranche de lard fumé d'un centimètre d'épaisseur
100 g de beurre
2 cuillères à soupe d'huile d'arachide
20 petits oignons grelots
2 tomates
1 verre de calvados (ou whisky)
un bouquet garni (thym, laurier, romarin, persil) paprika
sel de céleri
sel, poivre

Couper la volaille et se débarrasser de son croupion. Faire revenir les morceaux de canard préalablement salés, poivrés et saupoudrés légèrement de paprika et de sel de céleri dans un mélange de beurre et d'huile. Lorsque les morceaux de volaille commencent à dorer, ajouter les oignons et les lardons pour les faire blondir, puis enfin, les tomates.

Lorsque le tout est bien doré, déglacer avec l'alcool et éventuellement faire flamber. Verser ensuite deux verres d'eau. Incorporer le bouquet garni et couvrir. Au bout de 15 minutes, retourner les morceaux de volaille et laisser cuire encore 15 autres minutes, la sauce devant réduire d'un tiers.

CONFIT D'OIE OU DE CANARD

une oie ou un canard gras (celui ou celle précisément dont vous avez accommodé le foie)
sel, poivre, thym, laurier et, si vous avez des goûts de luxe, une belle truffe bien brossée débitée en lamelles
récipient de cuisson: un grand et profond chaudron en fonte

N.B. Confire veut dire cuire dans sa graisse à petit feu et très longtemps.

Confit d'oie ou de canard

Démembrer votre bête, lever les filets (ou magrets) et les frotter de sel et d'épices. Disposer au frais pendant quelques heures dans une jatte en terre, les morceaux de viande étant bien tassés sous un poids de plusieurs kilos. Entre temps, ôter la peau, la graisse et la viande restante de la carcasse et détailler le tout en petits dés de deux centimètres de côté. Mettre à fondre à feu doux dans le chaudron (la fonte des graisses commencera plus vite si vous ajoutez au début un demi-verre d'eau chaude).

Lorsque toute la graisse est fondue et frémissante en prélever et passer au chinois la quantité voulue pour réaliser vos confits, que vous maintiendrez au chaud dans une marmite plus petite, le temps de finir la cuisson des fritons (petits morceaux de viande et de peau) qui restent dans le chaudron. Les fritons sont cuits quand ils ont l'apparence de petits morceaux de couenne dorée. Passer l'huile de votre chaudron, les fritons doivent être égouttés sur un torchon ou un papier bien absorbant. La graisse ainsi récupérée devra être filtrée plusieurs fois avant d'être mise en bocaux et stérilisée. Pendant ce temps, vos pièces de viande ont été salées. Remettre alors dans le chaudron la quantité de graisse réservée pour les confits et y plonger la viande soigneusement essuyée. Cuire trois heures à feu doux. Incorporer au besoin la truffe coupée en lamelles un quart d'heure avant la fin de cuisson du confit. Répartir les morceaux de viande et la truffe dans les bocaux (la graisse devant recouvrir largement le tout). Fermer et stériliser. La stérilisation n'est nécessaire que pour une conservation de longue durée, le confit pouvant parfaitement se conserver plus de trois mois sans cette opération pourvu que les viandes soient toujours recouvertes de graisse. Servir avec des pommes de terre sautées à l'ail ou une persillade de cèpes (éventuellement le mariage des deux comme dans les cèpes à la sarladaise dont vous trouverez la recette plus loin).

COU D'OIE FARCI

un cou d'oie, sectionné à ras du tronc et de la tête
10 cl d'armagnac
une belle truffe bien brossée (15 g) et réduite en tout petits dés
350 g de chair à saucisse fine (mélange porc et veau)
chutes de préparation du foie gras (petits lobes et déchets de coupe)
une pincée de thym effeuillé
une râpure de noix de muscade
sel, poivre
ficelle à gigot et une grosse aiguille à brider

Séparer soigneusement le cou du tronc et de la tête de l'oie par une coupe franche et rectiligne. (Le mieux est d'utiliser un couperet bien aiguisé). Récupérer la peau du cou d'oie en la décollant de la partie osseuse. Pour ce faire, la retourner comme un gant en partant du côté du tronc de l'oie et en vous aidant de quelques petits coups de lame pour trancher les filaments qui la retiennent attachée. Mettre cette peau à macérer dans l'armagnac quelques heures. Entre temps, mélanger la chair à sau-

Cou d'oie farci

cisse, les chutes de foie gras, les petits dés de truffe, saler, poivrer selon goût, ajouter la pincée de thym, la râpure de noix de muscade, un filet d'armagnac et laisser reposer au frais quelque temps.

Lorsque le tout a bien reposé (peau du cou et farce fine), coudre l'une des extrémités de la peau du cou d'oie; farcir l'intérieur du mélange préparé et fermer en la cousant solidement l'autre extrémité. Votre cou d'oie se présente alors comme un gros saucisson que vous pouvez éventuellement renforcer en le ficelant à deux ou trois endroits dans sa longueur. Cuire dans une casserole remplie de la graisse du confit dont vous trouverez la recette ci-avant. Le cou d'oie est à point lorsqu'il remonte à la surface. Vous pouvez alors mettre votre cou d'oie à refroidir dans une terrine et, quand il est bien froid, le recouvrir de la graisse de cuisson. Il pourra attendre ainsi la gourmandise de vos convives. Une variante du cou d'oie farci consiste à remplacer la truffe par des girolles, cornes d'abondance ou morceaux de cèpes. La quantité de chair à saucisse est alors diminuée dans la proportion de 50% du poids total de la farce. Cette préparation est à déguster immédiatement.

COQ AU VIN (BROUILLY)

1 vieux coq de 2kg minimum détaillé en huit à dix morceaux
100g de beurre
300g de petits champignons de Paris (frais de préférence)
30g d'échalote
une tranche de lard fumé coupée en petits dés
une belle carotte coupée en rondelles (1/2 cm d'épaisseur au minimum)
une gousse d'ail
une botte de petits oignons blancs
un bouquet garni (thym, laurier, persil, sauge)
5 grains de poivre
une poignée de gros sel
2 cuillères à soupe de farine
2 bouteilles de brouilly
5 cl de marc de bourgogne
5 cl de vinaigre de vin

Coq au vin (brouilly)

2 cuillères à soupe d'huile d'arachide (pour la cuisson)
5 cl d'huile d'arachide (pour la marinade)
si possible le sang du coq maintenu liquide avec un filet de vinaigre
sel, poivre

Marinade:

Frotter de gros sel les morceaux de coq, puis les disposer dans un saladier et les laisser reposer une bonne heure sous un poids. Ensuite, les essuyer soigneusement et les placer dans une terrine avec le bouquet garni, les rondelles de carotte, la gousse d'ail entière, l'échalote, quelques oignons blancs émincés, les grains de poivre, le marc de bourgogne, le vinaigre de vin et 5 cl d'huile d'arachide. Mouiller de brouilly jusqu'à ce que les chairs soient totalement couvertes et laisser mariner au frais (mais pas au réfrigérateur) couvert d'un torchon 24 heures en tournant deux fois.

Préparation:

Faire rissoler en cocotte les morceaux de coq égouttés et séchés au torchon dans un mélange de beurre et d'huile pendant quelques minutes à feu vif jusqu'à ce que les morceaux commencent à prendre une belle couleur dorée. Ajouter le reste des oignons blancs (non utilisés dans la marinade) entiers avec les petits lardons. Rissoler le tout encore quelques minutes, puis saupoudrer les viandes de deux cuillères à soupe de farine. Les tourner vivement quelques instants pour bien répartir la farine; mouiller ensuite avec la marinade passée au chinois et le contenu de la deuxième bouteille de brouilly. Incorporer alors les rondelles de carotte, la gousse d'ail et le bouquet garni que vous aurez récupérés dans le chinois. Ajouter les petits champignons entiers et quelques grains de poivre noir. Couvrir et laisser mijoter 30 minutes à feu moyen. Découvrir et vérifier le niveau de la sauce qui doit être environ à mi-hauteur des viandes. Tester la cuisson des morceaux de coq, que vous devez pouvoir facilement transpercer d'une aiguille à brider sans toutefois que ceux-ci ne s'effritent. Si la cuisson est correcte, retirer vos morceaux et les disposer sur un plat de service creux allant au four et les garder au chaud pendant que vous rectifierez l'assaisonnement et l'onctueux de la sauce. Pour ce faire, ôter et jeter le bouquet garni et la gousse d'ail, récupérer les oignons, les lardons, les champignons et les rondelles de carotte et les réserver jusqu'au moment de servir, passer la sauce au chinois. La replacer à feu doux et y mêler en fouettant vivement le sang de la volaille. Rectifier la salinité de la sauce. Retirer du four au moment de servir le plat contenant les morceaux de volaille. Disposer parmi eux les champignons, oignons, carottes, etc, puis napper de la sauce brûlante qui doit avoir légèrement épaissi. Servir avec des pommes de terre à chair ferme cuites à l'eau ou de préférence des pommes de terre cuites sous la cendre.

COQ AU RIESLING

Pour 6 à 8 personnes
1 coq de 2 kg détaillé en huit morceaux
100 g de beurre
250 g de petits champignons de Paris (frais de préférence)
30 g d'échalotes
5 cl de marc de riesling
1 litre de riesling
25 cl de crème fraîche épaisse
jus d'un demi-citron
sel, poivre
bouquet garni (thym, laurier, estragon)

Marinade:

La veille de la préparation, placer dans une terrine les morceaux de volaille avec le bouquet garni, du sel et du poivre. Mouiller de riesling jusqu'à ce que les chairs soient totalement couvertes et laisser mariner 24 heures en tournant deux fois.

Préparation:

Faire rissoler en cocotte les morceaux de coq égouttés et séchés au torchon dans 70 g de beurre pendant 10 minutes à feu doux sans laisser dorer. Ajouter les échalotes en menus morceaux et cuire encore 5 minutes. Flamber avec le marc de riesling, saler et poivrer modérément. Mouiller avec 75 cl de riesling de la marinade. Couvrir et

Coq au riesling

laisser mijoter 35 minutes. Entre temps, brosser sous vive eau les champignons, en couper la partie terreuse de la queue et les faire revenir dans une poêle avec le reste de beurre et le jus d'un demi-citron afin qu'ils restent bien blancs.

La cuisson du coq étant terminée en égoutter les morceaux et les garder au chaud sur le plat de service. Faire réduire d'un tiers la sauce restant dans la cocotte, puis ajouter la crème fraîche et lier le mélange à feu doux 5 à 6 minutes. Incorporer les champignons, prolonger la cuisson 5 minutes sans cesser de tourner. Prélever les champignons et les disposer autour des morceaux de coq. Passer la sauce de la cocotte au chinois (passoire conique à mailles fines) puis en napper les viandes.

Servir de préférence avec des spätzele ou des pâtes fraîches.

COQUELETS PAYS D'AUGE

6 coquelets de 400 g ou 3 poulets jeunes de 800 g à 1 kg
12 pommes golden moyennes
100 g de beurre pour la cuisson
150 g de beurre pour la liaison en fin de cuisson
1 verre à digestif de bon calvados
3 cuillères à soupe de crème fraîche
3/4 de litre de cidre brut
sel, poivre
1 marmite à fond épais pour la cuisson
1 plat de service allant au feu ou 1 casserole pour maintenir les coquelets et pommes au chaud en attendant le service.

Dans une petite marmite, faire colorer au beurre chaud les coquelets et les pommes épluchées, laissées entières mais épépinées. Quand les coquelets sont bien dorés, les flamber d'un verre à liqueur de bon calvados puis verser dans le récipient un bon demi-litre de cidre brut. Assaisonner de sel et poivre et laisser cuire doucement à couvert 20 minutes pour un coquelet, 35 minutes pour un poulet. Retourner les volailles de temps en temps. Si les pommes sont cuites plus tôt, les retirer et les réserver sur un plat. Y adjoindre les volailles en fin de cuisson.

Coquelets pays d'Auge

Faire réduire des 3/4 sur feu vif, la sauce. On obtient alors un jus sirupeux, légèrement épais et brunâtre. Y incorporer 150 g de beurre frais en fouettant pour émulsionner le mélange.

Rectifier l'assaisonnement en goûtant. Y ajouter, si nécessaire, une cuillère de calvados.

Ajouter 3 cuillères à soupe de crème fraîche.

Réchauffer les coquelets découpés et les pommes au four sur le plat de service et les napper de la sauce passée au chinois. La sauce terminée doit être en quantité suffisante pour napper les coquelets, sans excès.

DINDE FARCIE AUX TRUFFES ACCOMPAGNÉE DE PURÉE DE MARRONS

1 dinde de 4 kg environ
300 g de pain de mie trempé dans du lait
750 g de farce fine de porc
20 g d'épluchures de truffes ou mieux encore de morceaux de truffes
1,500 kg de châtaignes du Périgord (ou à défaut des marrons d'Italie) pelées et épluchées
3 cuillères à soupe de crème fraîche
5 cl d'huile d'arachide
quelques pistaches émondées
thym effeuillé
sel, poivre

Hacher le foie, le gésier et le cœur de la dinde. Les adjoindre à la mie de pain trempée et légèrement essorée. Répartir équitablement sur la farce fine de porc et triturer jusqu'à obtention d'un mélange parfaitement régulier. Ajouter les pelures de truffes et leur jus d'accompagnement dans la farce obtenue. Rectifier l'assaisonnement (sel, poivre, une pincée de thym effeuillé et de préférence quelques pistaches émondées). Farcir l'intérieur de la dinde et brider soigneusement. Enduire l'extérieur au pinceau d'huile d'arachide. Saler, poivrer et saupoudrer très légèrement de thym effeuillé. Saisir à four chaud (thermostat 8) puis continuer la cuisson à four moyen, pendant 2 heures en arrosant régulièrement tous les quarts d'heures. Si votre dinde a tendance à dorer trop rapidement la recouvrir d'un papier d'aluminium entre chaque arrosage.

Préparation de la purée de marrons :

Prendre de préférence des grosses châtaignes du Périgord ou à défaut des marrons d'Italie. Les bouillir 30 minutes vivement dans une eau légèrement salée. Peler rapidement et passer au presse-purée ou au mixer, puis au chinois pour obtenir un aspect lisse. Ajouter 2 cuillères de crème fraîche. Vérifier l'assaisonnement, en particulier la salinité et mélanger le tout avec une partie du jus de cuisson de la dinde. Servir très chaud sur assiette (préalablement chauffée) un morceau de dinde, deux grosses cuillères de farce et trois cuillères de purée de marrons.

FAISAN AU MADÈRE

un faisan (de préférence une poule faisane) de 1 kg.

Préparation de la farce :
50 g de lard fumé
une tomate
un oignon doux
une gousse d'ail
une cuillère à soupe de crème fraîche
une larme de madère
5 g d'épluchures de truffes
2 pincées de thym
sel, poivre, paprika

Hacher le lard fumé, le foie et le gésier du gibier, la tomate, l'oignon doux et la gousse d'ail. Mélanger le tout avec le pâté de foie, une cuillère à soupe de crème fraîche, la larme de madère, les épluchures de truffes et les pincées de thym. Saler, poivrer et saupoudrer de paprika selon goût. Farcir la bête et la brider.

Cuisson du faisan :
10 oignons grelots
50 g de lard fumé
une tomate coupée en petits dés
50 g de beurre
3 cuillères à soupe d'huile d'olive
un bouquet garni (thym, laurier, romarin)
10 cl de madère
15 cl de crème fraîche
un morceau de sucre
5 g d'épluchures de truffes
un filet de citron
sel, poivre
6 tranches de pain de mie légèrement frottées d'ail et grillées.

Faire revenir en cocotte le faisan avec les oignons grelots, le lard fumé, la tomate coupée en petits dés dans un mélange de beurre et d'huile. Lorsque le tout est bien doré, ajouter deux verres d'eau, une pincée de sel, le bouquet garni et 5 cl de madère. Laisser mijoter à couvert 20 minutes à feu doux. La sauce doit avoir réduit de deux tiers. Sortir le faisan, ôter le bouquet garni et réserver au chaud (couvrir pour éviter le dessèchement). Déglacer la cocotte avec le reste du madère, retirer du feu et ajouter la crème en fouettant vivement. Incorporer le morceau de sucre au préalable mouillé et les épluchures de truffes, puis le filet de citron. Remettre à feu doux et fouetter continuellement (3 minutes environ) jusqu'à obtention de la consistance souhaitée. Dresser la sauce et servir en saucière chaude.

Servir les faisans sur canapés (tranches de pain de mie grillées frottées d'ail) accompagnés de cèpes ou de girolles.

FAISAN AU VERJUS

un faisan (de préférence une poule faisane) de 1 kg
100 g de lard fumé en petits dés
un bouquet garni (thym, laurier, romarin)
un litre de verjus (vin blanc aigre et fort)
25 cl de crème fraîche
un oignon blanc (5 cm de diamètre)
10 cl d'armagnac
100 g de beurre
5 cl d'huile de noix
sel, poivre

Garnir l'intérieur du faisan de l'oignon haché, des abats (foie, gésier) et de quelques dés de lard fumé. Saler, poivrer et ajouter une noix de beurre. Brider et faire revenir le volatile, salé et poivré extérieurement, dans une cocotte avec du beurre et de l'huile de noix. Lorsqu'il est doré, flamber à l'armagnac, puis mouiller de verjus et ajouter le bouquet garni. Laisser mijoter 30 minutes à couvert et à feu doux. Découvrir et faire réduire d'un tiers le jus restant. Incorporer alors la crème fraîche, laisser épaissir quelques minutes. Servir avec des croûtons frits et des petites pommes de terre rissolées à la graisse d'oie.

PERDREAUX AU POIVRE VERT
(Pays de Caux)

3 beaux perdreaux rouges ou 6 pouillards de l'année (jeunes perdreaux)
200 g de poitrine fumée maigre coupée en petits dés
1 kg de cornes d'abondance (trompettes de la mort)
20 petits oignons grelots et 2 gousses d'ail
3 belles carottes nouvelles (créance)
100 g de beurre
4 cuillères à soupe d'huile d'arachide
50 cl de crème fraîche
60 g de poivre vert
1 verre de cidre brut (25 cl)
1 verre d'eau (25 cl)
1/2 verre de calvados (15 cl)
1/2 citron
1 bouquet garni (thym, laurier, estragon)
3 branches de thym, 3 branches d'estragon
sel, poivre

Préparation des perdreaux:

Plumer les perdreaux et les passer rapidement sur une flamme nue de manière à griller les barbules et duvets restants.

Vider les volatiles et mettre de côté les abats (cœurs, foies et gésiers).

Saler et poivrer les intérieurs et y placer une noix de beurre, quelques lardons, 3 champignons, une branche de thym, et une branche d'estragon.

Brider les perdreaux — enduire l'extérieur d'huile — saler et poivrer.

Placer dans une cocotte en fonte

Faisan au verjus

à couvercle creux et faire dorer dans l'huile avec les lardons puis les oignons.

Lorsque le tout est bien blond, ajouter le calvados et flamber hors du feu.

Replacer la cocotte à feu doux et ajouter les champignons, les carottes et les abats.

Saler et poivrer modérément.

Lorsque les champignons commencent à rendre leur eau, verser le cidre et l'eau puis incorporer le bouquet garni.

Couvrir et faire mijoter à feu doux pendant 40 minutes en ayant soin de verser dans le creux du couvercle 2 cm d'eau (retourner deux fois en cours de cuisson).

Lorsque la cuisson est terminée, sortir les perdreaux et les dresser sur un plat de service chaud.

Couvrir et maintenir au four.

Egoutter soigneusement les légumes au-dessus de la cocotte et les garder chauds au four.

Préparation de la sauce:

Mélanger au jus restant dans la cocotte les 50 cl de crème et le poi-

Perdreaux aux morilles

vre vert puis faire réduire de 1/3 à feu moyen.

Rectifier l'assaisonnement (sel, poivre et jus du 1/2 citron).

Lorsque la consistance obtenue est satisfaisante (légère crème blonde), mettre de côté deux louches de cette sauce puis mélanger soigneusement les légumes au reste.

Disposer les légumes autour des perdreaux, et napper ces derniers avec la crème que vous avez gardée à cet effet.

Garnir le tour du plat de canapés de pain de mie frits dans le beurre et de branches de cresson.

PERDREAUX AUX MORILLES

un perdreau par personne
une livre de morilles fraîches (de préférence des morilles blondes, à défaut des morillons - petites morilles pointues et noires)
un oignon blanc moyen par perdreau
10 cl d'armagnac
une petite pincée de thym effeuillé par perdreau
150 g de poitrine fumée coupée en petits dés
150 g de beurre
2 cuillères à soupe d'huile de noix
30 cl de crème fraîche épaisse
un morceau de sucre
sel, poivre

Plumer vos perdreaux la veille.

Réserver et faire macérer au frais foies et gésiers dans un peu d'armagnac.

Introduire dans chaque volatile: une noix de beurre, un morceau de morille (ou deux petites morilles pointues), deux petits dés de lard fumé, un foie et un gésier macérés à l'armagnac, un demi-oignon blanc, un pincée de thym, sel et poivre.

Brider soigneusement.

Cuisson:

Faire revenir doucement en cocotte en fonte épaisse les perdreaux salés et poivrés dans un mélange de beurre et d'huile de noix. Lorsqu'ils commencent à dorer, ajouter les lardons et les six demi-oignons blancs restants. Quand les oignons blondissent, arroser d'armagnac et flamber pour déglacer les sucs solidifiés; mouiller d'un verre d'eau et adjoindre le reste des morilles. Couvrir et laisser mijoter 15 minutes à feu doux. Passé ce délai, découvrir et réduire d'un tiers la sauce restante en incorporant le morceau de sucre. Lorsque la réduction est obtenue, inclure la crème fraîche et faire épaissir encore quelques minutes. Rectifier l'assaisonnement. Servir sur assiette brûlante avec des croûtons frits au beurre et soit du riz, soit de toutes petites pommes de terre cuites à l'eau.

PIGEONS AUX PETITS POIS

6 pigeonneaux
3 livres de petits pois
150 g de lard de poitrine fumé
100 g de beurre
3 cuillères à soupe d'huile d'arachide
1 cuillère à soupe de moutarde
1 botte d'oignons blancs
1 carotte découpée en rondelles
2 feuilles de laitue
1 petit bouquet garni (thym, laurier, estragon)
1 morceau de sucre
sel, poivre

Vider vos pigeonneaux en réservant le foie, le cœur et le gésier. Flamber vos oiseaux, les badigeonner d'huile et en saler et poivrer copieusement l'extérieur et l'intérieur (dans lequel vous aurez glissé une pincée de thym effeuillé, une noisette de beurre et les abats respectifs). Les brider.

Dans une grande cocotte en fonte, faire dorer de tous côtés vos pigeonneaux avec le beurre restant et l'huile. Les retirer et les garder au chaud. Dans la même cocotte, faire revenir ensemble à feu doux, les petits pois, les rondelles de carottes, les lardons et les oignons. Saler et poivrer modérément. Lorsque les oignons commencent à fondre (la chair devenant transparente), mouiller avec de l'eau chaude jusqu'à ce que les petits pois soient recouverts d'un centimètre. Ajouter les feuilles de laitue, le morceau de sucre, la cuillère à soupe de moutarde et le bouquet garni. Replacer les oiseaux parmi les petits pois et autres légumes. Porter à ébullition rapidement. Dès que le jus commence à frémir, finir la cuisson pendant 25 minutes à feu doux. Lorsque les oiseaux sont cuits, les dresser sur un plat de service et les garder au chaud. Faire réduire quelques instants le jus restant avec les légumes, ceux-ci ne devant pas être baignés de plus d'un centimètre de jus. Oter le bouquet garni et disposer les légumes autour des oiseaux au moment de servir.

POULE AU RIZ

une poule d'1,500 kg à 2 kg découpée en morceaux
3 belles carottes coupées en rondelles
2 gros oignons
2 blancs de poireaux
2 gousses d'ail
2 cuillères à soupe de farine
25 cl de crème fraîche
3 jaunes d'œufs
200 g de beurre
sel, poivre
un bouquet garni (thym, laurier, sauge)
1/2 litre de vin blanc sec
3 cuillères à soupe d'huile d'arachide

Dans une cocotte en fonte émaillée, faire revenir dans le mélange de 50 g de beurre et de l'huile les morceaux de poule au préalable salés et poivrés avec les carottes, les oignons, les blancs de poireaux et les gousses d'ail jusqu'à un début de dorure. Mouiller du vin blanc et de trois verres d'eau. Ajouter le bouquet garni et laisser mijoter 50 minutes environ à feu doux. Avec le reste du beurre et la farine, préparer dans une casserole un roux blond que vous mouillerez d'une partie du bouillon de cuisson. Incorporer ce roux blond dans la cocotte et laisser frémir 15 minutes. Ajouter la crème. Faire réduire à feu doux 15 minutes encore, puis quelques instants avant de servir, lier la sauce hors du feu avec les jaunes d'œufs. Rectifier l'assaisonnement si besoin est, et servir avec du riz blanc.

POULET À L'ESTRAGON

un poulet de Bresse de 2 kg
un petit bouquet d'estragon
un pot de crème fraîche de 25 cl
125 g de beurre
4 cuillères à soupe d'huile d'arachide
thym effeuillé
2 beaux oignons blancs
une branche de persil
5 cl de cognac
sel, poivre

Partager en deux le bouquet d'estragon. Garnir l'intérieur du poulet d'un morceau de beurre, d'un quart du bouquet d'estragon, d'un oignon blanc coupé en morceaux, d'une pincée de thym effeuillé, de sel et de poivre. Huiler avec un pinceau l'extérieur de votre volaille, le saler, le poivrer et le saupoudrer de thym effeuillé. Faire revenir votre poulet en cocotte dans un mélange beurre et huile. Incorporer l'oignon, lorsque le poulet commence à peine à dorer. Dès qu'il devient bien doré, flamber avec le cognac. Ajouter deux verres d'eau, le reste de l'estragon. Laisser cuire 30 minutes. Sortir le poulet de la cocotte, le découper en huit morceaux. Faire réduire de moitié le jus restant dans la cocotte. Incorporer alors la crème fraîche en fouettant vivement. Replacer les morceaux de poulet dans la cocotte. Laisser mijoter 10 minutes à feu doux et servir chaud.

POULET CORSOIS

un beau poulet fermier si possible à pattes noires
2 tranches de lard fumé d'un centimètre d'épaisseur détaillées en petits dés
une vingtaine de petits oignons grelots
300 g de petits champignons de Paris ou de préférence de champignons sauvages
250 g d'olives noires et vertes
750 g de petites pommes de terre au préalable sautées au beurre et à l'huile
une livre de tomates pelées et épépinées
un bouquet garni (thym, laurier, fenouil, sauge)
un piment doux
un petit verre de marc de raisin
une bouteille de vin blanc demi-sec de préférence corse ou à défaut un sancerre doux ou un chateauneuf du pape blanc
10 cl d'huile
sel, poivre

Dans une cocotte en fonte, faire revenir dans l'huile d'olive le poulet préalablement salé, poivré, garni à l'intérieur d'un morceau de tomate, d'un oignon, de quelques lardons, d'olives et bridé. Lorsque celui-ci est bien doré, ajouter le reste des lardons et oignons ainsi que les petites pommes de terre. Laisser rissoler quelques minutes encore avant de flamber avec le marc de raisin et de mouiller le tout avec le vin blanc. Incorporer le bouquet garni, les olives, les tomates, les champignons et le piment doux. Rectifier modérément l'assaisonnement. Couvrir et laisser mijoter à feu doux 40 minutes. Servir en cocotte.

CUISSOT DE CHEVREUIL FORESTIÈRE

cuissot de chevreuil de 2 kg environ

Préparation de la marinade:
2 verres de vin rouge (de préférence bourgogne)
6 bonnes cuillères à soupe d'huile d'olive de préférence
5 cl de vinaigre
1 bouquet garni (thym, laurier)
2 grosses carottes coupées en rondelles
2 échalotes coupées en deux dans le sens de la longueur
2 gousses d'ail
sel, poivre

Mettre dans une casserole en inox ou émail, les ingrédients de la marinade. Porter à ébullition, écumer et verser chaud sur le cuissot de chevreuil au préalable piqué régulièrement sur toutes ses faces en profondeur (cette opération ayant pour but de mieux imprégner la viande pendant sa macération). Laisser mariner à température ambiante couvert d'un torchon, pendant 24 à 48 heures selon grosseur en tournant deux fois (par 24 heures).

Cuisson de la viande:
100 g de beurre
2 cuillères à soupe d'huile d'arachide
200 g de lard de poitrine fumé en petits dés
3 ou 4 petits oignons blancs
une pincée de thym effeuillé
sel, poivre

Sortir la viande de la marinade, l'égoutter et la sécher soigneusement (papier absorbant ou torchon).

La badigeonner d'huile, saler, poivrer, saupoudrer d'une pincée de thym effeuillé. Disposer dans un plat en terre allant au four. Beurrer le dessus de la viande. Saisir à four chaud (10 minutes de préchauffage thermostat 10). Incorporer dans le plat les oignons et les petits lardons. Laisser rôtir à four moyen (thermostat 7) pendant 40 à 50 minutes selon grosseur du cuissot, la viande devant être retournée toutes les 10 minutes environ, la cuisson étant parfaite, lorsqu'en piquant la viande il sort un jus à peine rosé.

Préparation de la sauce:
125 g de beurre
4 cuillères à soupe de farine tamisée
1 verre de vin (le même vin que celui de la marinade)
éventuellement 500 g de champignons sauvages (girolles)

Pendant la cuisson de la viande, préparer un roux brun avec le beurre et la farine en faisant dorer lentement jusqu'à obtention d'une belle couleur brune. Mouiller avec le verre de vin et couper d'eau bouillante pour obtenir une consistance lisse et crémeuse. Ajouter la marinade passée au chinois, le bouquet garni, les rondelles de carottes récupérées dans celle-ci et éventuellement les champignons sauvages. Laisser cuire à feu très doux pendant le temps restant de cuisson de la viande.

Lorsque la viande est rôtie, la découper et l'installer sur un plat de service chaud en récupérant le jus que vous ajouterez à la sauce en même temps que les lardons et les petits oignons rôtis. Rectifier l'assaisonnement et servir dans une grande saucière (ou une soupière).

FRICASSÉE DE MARCASSIN
(Brocéliande)

1,800 kg de sauté de marcassin
marinade:
100 g d'oignons en rouelles
1 carotte émincée grossièrement dans le sens de la longueur
2 gousses d'ail coupées en deux
1 bouquet garni (thym, laurier, romarin, persil et sauge)
1 pincée de piment de cayenne en poudre
1 cuillerée à soupe de gros sel
10 tours de moulins à poivre
1 litre de bon vin rouge (chinon)
5 cl de lambig (eau-de-vie de cidre)
5 cl de vinaigre de cidre
10 cl d'huile d'arachide

Préparation de la marinade:

Placer les morceaux de sauté dans une grande terrine en grès et y ajouter les rouelles d'oignon, la carotte en morceaux, les gousses d'ail, le cayenne et le bouquet garni. Saler et poivrer. Recouvrir de vin rouge additionné de lambig et de vinaigre. Enfin, ajouter l'huile d'arachide pour préserver de l'oxydation de l'air. Couvrir et laisser mariner à température ambiante pendant au moins 24 heures en retournant quatre fois.

Cuisson du marcassin:
100 g de beurre
le jus de la marinade passé au chinois
50 g d'oignon de la marinade
2 gousses d'ail de la marinade
le bouquet garni de la marinade
1/2 litre de vin rouge (chinon)
20 cl de crème fraîche
5 cl de lambig

Faire revenir au beurre, en cocotte, les morceaux de sauté soigneusement égouttés. Lorsqu'ils sont dorés, flamber au lambig puis recouvrir avec le jus de marinade et 25 cl de vin rouge. Incorporer les oignons, l'ail et le bouquet garni. Fermer la cocotte et laisser mijoter une heure à feu moyen (rajouter petit à petit le reste du vin). En fin de cuisson, rectifier l'assaisonnement (sel, poivre) selon goût. Sortir les morceaux de viande et les placer au chaud dans un poêlon en grès. A feu doux, incorporer la crème fraîche à la sauce, laisser épaissir quelques minutes en tournant avec une cuillère en bois, puis verser sur la viande au moment de servir. Accompagner de pommes de terre en robe des champs. Offrir à vos convives le même vin que celui de la marinade.

Fricassée de marcassin

LAPIN AU CIDRE
(Région de Flers, Orne)

1 lapin de 1,800 kg environ avec son sang additionné d'une cuillère à soupe de vinaigre.

Marinade
100 g d'oignon doux en rondelles
1 carotte émincée grossièrement dans le sens de la longueur
4 gousses d'ail coupées en deux
1 bouquet garni (thym, laurier, romarin, persil et sauge)
1 pincée de piment de cayenne en poudre
2 grains de genièvre
1 cuillère à soupe de gros sel
10 tours de moulin à poivre
1 litre de cidre
5 cl de calvados
5 cl de vinaigre de vin
la moitié du sang du lapin
1/2 verre d'huile d'arachide (10 cl environ)

Préparation de la marinade:

Désarticuler soigneusement le lapin en autant de morceaux que nécessaire (éviter les éclats d'os).

Placer les morceaux dans une cocotte en fonte émaillée et y ajouter les rondelles d'oignon, la carotte en morceaux, les gousses d'ail, le bouquet garni, le cayenne et le genièvre.

Saler et poivrer.

Recouvrir de cidre additionné du vinaigre, du calvados et de la moitié du sang du lapin puis recouvrir d'huile d'arachide pour préserver de l'oxydation de l'air.

Couvrir et laisser mariner à température ambiante pendant au moins 12 heures en retournant une fois.

Cuisson du lapin:

100 g de beurre
le jus de la marinade passé au chinois
50 g d'oignon doux de la marinade
2 gousses d'ail de la marinade
le bouquet garni de la marinade
1 échalote grise
1/2 l de cidre brut
5 cl de calvados
750 g de petits champignons de Paris brossés et lavés (1 kg brut)
50 cl de crème fraîche
la deuxième moitié du sang du lapin

Dans la cocotte, faire revenir dans le beurre les morceaux de lapin soigneusement égouttés (garder le foie et la tête).

Lorsqu'ils sont dorés, flamber avec le calvados puis recouvrir avec la moitié du jus de marinade et le cidre.

Incorporer le bouquet garni et 25 g des oignons de la marinade hachés et pilés.

Fermer la cocotte et laisser mijoter 1 heure à feu moyen.

Entre temps, dans une casserole en acier, verser le reste de la marinade puis les champignons, le foie et la tête coupée en deux.

Ajouter le reste des oignons hachés et pilés, l'ail et l'échalote.

Couvrir et laisser mijoter à feu doux pendant 3/4 d'heure.

Lorsque les deux cuissons sont terminées, sortir les morceaux du lapin et son foie, les dresser sur le plat de service et les garder au chaud sous aluminium.

Jeter les moitiés de tête.

Verser les champignons et leur jus dans la sauce de cuisson du lapin, ajouter la crème fraîche et le reste du sang.

Bien mélanger et laisser épaissir quelques minutes.

Rectifier l'assaisonnement puis retirer les champignons, les disposer sur un plat de service chaud et les servir à part en même temps que le lapin nappé de la crème obtenue.

Cette préparation peut être accompagnée de pommes de terre en robe des champs, de riz blanc ou de pâtes fraîches.

N.B. Cette recette est aussi utilisable pour accommoder le gibier (garenne, lièvre).

CIVET DE LIÈVRE À L'ALSACIENNE AUX SPATZELE

1 lièvre de 2,5 kg (levraut de l'année de préférence)
10 petits oignons grelots
2 clous de girofle
3 gousses d'ail rouge
150 g de lard de poitrine fumé maigre détaillé en petits dés
5 cl d'eau-de-vie de quetches
1 bouquet garni (thym, laurier, persil, romarin)
2 bouteilles de pinot noir (150 cl)
10 cl d'huile
250 g de beurre
200 g de champignons de Paris (ou mieux de trompettes de la mort, girolles ou rosés des prés)
sel, poivre

Marinade:

Dépouiller le lièvre en conservant précieusement le sang (additionné d'une cuillère à soupe de vinaigre pour éviter la coagulation) et le foie débarrassé de la vésicule biliaire.

Couper le lièvre en morceaux et placer ceux-ci dans une terrine avec les oignons (et les clous de girofle), l'ail, les rondelles de carottes, le lard fumé, le bouquet garni, sel et poivre. Mouiller avec l'eau de vie de quetches. Recouvrir de pinot noir et terminer par l'huile qui protégera les viandes de l'oxydation. Laisser mariner au frais 48 heures en tournant quatre fois.

Cuisson du lièvre:

Dans une cocotte en fonte à couvercle creux, faire dorer avec 50 g de beurre le lièvre, les lardons et les petits oignons soigneusement égouttés.

Ajouter la marinade passée au chinois et l'ensemble de ses aromates. Cuire à feu doux, une heure en veillant à maintenir 1/2 cm d'eau dans le couvercle.

Entre temps, blanchir les champignons 5 minutes à l'eau bouillante salée et les ajouter ensuite au civet après une heure de cuisson.

Préparation des spatzele:

500 g de farine
4 œufs (70 g pièce environ)
10 g de sel
1 verre d'eau (20 cl)
3 litres d'eau salée à 10 g par litre
80 g de beurre

Dans une terrine, disposer la farine en fontaine. Battre les 4 œufs entiers et les verser au centre. Saler, ajouter un petit peu d'eau (10 cl). Mélanger grossièrement le tout, puis battre soigneusement la pâte obtenue (avec éventuellement le reste du verre d'eau) contre les parois de la terrine jusqu'à ce que celle-ci devienne homogène et coule facilement entre les doigts. Porter à ébullition les 3 litres d'eau salée. Etaler un peu de pâte sur une planchette, plonger celle-ci quelques secondes dans l'eau bouillante, puis détailler avec un couteau souple de petits morceaux de pâte qui tombant dans l'eau seront cuits lorsqu'ils remonteront à la surface. Egoutter à l'écumoire, disposer dans une passoire et rincer à l'eau froide. Recommencer l'opération jusqu'à épuisement de la pâte et lorsque le civet sera sur le point d'être servi, réchauffer rapidement les spätzele à la poêle dans le beurre fondu.

LIÈVRE RÔTI

un levrault de 2 à 3 kg dépouillé dont vous aurez récupéré le sang (sans les abats)

Préparation de la marinade

3 verres de vin rouge (médoc de préférence)
6 bonnes cuillères à soupe d'huile (d'olive de préférence)
5 cl de vinaigre
un bouquet garni (thym, laurier, romarin, sauge)
2 grosses carottes coupées en rondelles
10 petits oignons blancs
2 gousses d'ail
200 g de lard fumé coupé en petits dés
10 grains de poivre
2 blancs de poireaux
sel, poivre

Mettre dans une casserole en inox ou émail, les ingrédients de la marinade. Porter à ébullition, écumer et verser chaud sur le lièvre piqué régulièrement avec quelques petits lardons. Laisser mariner à

Civet de lièvre à l'alsacienne aux Spätzele

température ambiante couvert d'un torchon pendant au moins 48 heures en tournant plusieurs fois.

Cuisson du lièvre
100 g de beurre
2 cuillères à soupe d'huile d'arachide
une pincée de thym effeuillé
sel, poivre

Sortir le lièvre de la marinade, l'égoutter et le sécher soigneusement (papier absorbant ou torchon).

Prédécouper votre lièvre en nombre de morceaux souhaités, en démembrant les cuisses et les pattes avant en évitant de produire des esquilles d'os et tronçonner de même des morceaux réguliers tout au long de la colonne vertébrale. Ces opérations seront faites de préférence sur la face interne de l'animal pour conserver un aspect entier, préservant ainsi la présentation de votre plat. Badigeonner le lièvre prédécoupé d'huile. Le saler et le poivrer, le saupoudrer de thym effeuillé. Le disposer dans un plat en terre pouvant aller au four. Beurrer le dessus du lièvre. Saisir à four chaud 5 minutes (10 minutes de préchauffage à thermostat 10). Laisser rôtir à four moyen (thermostat 7) pendant 30 à 35 minutes selon grosseur en le retournant au moins quatre fois et en l'arrosant régulièrement de graisse de cuisson et de quelques gouttes de marinade passée au chinois.

Préparation de la sauce
125 g de beurre
4 cuillères à soupe de farine tamisée
2 verres de vin (le même que celui utilisé dans la marinade)
éventuellement 500 g de champignons sauvages ou champignons de Paris ou rosés des prés

Pendant la cuisson du lièvre, préparer un roux brun avec le beurre et la farine en faisant dorer lentement jusqu'à obtention d'une belle couleur brune. Mouiller avec les verres de vin, puis allonger du liquide de la marinade passé au chinois. Ajouter éventuellement un peu d'eau chaude, l'apparence de la sauce devant être celle d'une crème lisse. Récupérer et ajouter à la sauce les petits oignons et les rondelles de carottes de la marinade ainsi que le bouquet garni et éventuellement les champignons. Laisser mijoter à feu doux pendant le temps de cuisson du lièvre. Lorsque le lièvre est rôti, le présenter entier sur un plat à découper chaud. Incorporer à la sauce en fouettant (à feu doux) le jus de cuisson et le sang du lièvre. Rectifier si besoin est l'assaisonnement et servir dans une grande saucière (ou soupière).

COTRIADE (Brigneau)

Pour 6 à 8 personnes:

a) Poissons
1 morceau de congre (500 g) (morceau près de la tête)
1 aiguillette ou orphie (500 g)
1 vieille (facultatif) (400 g)
1 maquereau (500 g)
1 morceau de lieu noir (350 g)
1 merlan (500 g)
6 sardines (250 g)

b) autres ingrédients
200 g de lard gras demi-sel en tranches fines (ou beurre demi-sel)
6 gros oignons dont un piqué de deux clous de girofle
2 kg de pommes de terre
1 bouquet garni (thym, laurier, persil, passe-pierre)
sel et poivre
8 croûtons de pain frits au beurre
1 cuillère à café de moutarde
5 cl de vinaigre de cidre
10 cl d'huile d'arachide

Vider vos poissons (ou les faire vider) en conservant les têtes, les queues et les abats comestibles (laitances, œufs, foies). Répartir par ordre de dureté (donc temps de cuisson) vos poissons.

a) congre, aiguillette;

b) maquereau, lieu noir et vieille;

c) merlans et sardines.

Détailler les poissons de la manière suivante:

— le congre, en tranches de 2 cm d'épaisseur;

Cotriade

— l'aiguillette, en tronçons de 8 cm de long;

— le maquereau, en trois (vieille également);

— les merlans, en deux;

— les sardines restent entières.

Dans une grande marmite émaillée, faire fondre le lard (ou le beurre).

Y faire dorer les oignons (sans brûler).

Ajouter les pommes de terre épluchées et lavées, le bouquet garni ainsi que les morceaux de congre. Couvrir le tout de 5 cm d'eau. Saler (5 g par litre d'eau) et poivrer copieusement (12 tours de moulin). Porter à ébullition et laisser cuire 15 minutes à feu vif.

Incorporer alors l'aiguillette, le maquereau et le lieu noir (éventuellement la vieille) puis continuer la cuisson pendant 5 minutes. Enfin, mettre à cuire les poissons tendres (merlans et sardines) 5 minutes encore.

Retirer à l'écumoire poissons et pommes de terre (à l'exception de trois pommes de terre, deux morceaux de congre, un morceau de maquereau, un merlan et trois sardines) et les garder au chaud sur un plat en grès.

Passer le bouillon et le garder à feu doux. Retirer le bouquet garni. Piler au mortier les morceaux de poissons, les pommes de terre et les condiments contenus dans le chinois, puis ajouter au bouillon et passer de nouveau au chinois.

Servir les poissons arrosés d'un peu de bouillon, le gros de celui-ci étant servi à part avec des croûtons frits au beurre. On peut également servir avec une sauce vinaigrette composée de 5 cl de vinaigre de cidre, 5 cl de bouillon, 10 cl d'huile d'arachide, 3 pincées de poivre gris, 2 pincées de sel et 1 cuillère à café de moutarde.

BOUILLABAISSE

Pour 8 à 10 personnes:

2,500 à 3 kg de poissons avec la plus grande variété possible parmi les poissons ci-après énumérés répartis entre poissons à chair ferme et poissons à chair tendre:
poissons fermes: rascasse, congre, murène, baudroie (lotte), vive, chapon
poissons tendres: saran, merlan, pageot, rouget grondin, saint-pierre, girelle
éventuellement cigales ou petites langoustes

Préparation du fumet:
1 gros oignon
2 gousses d'ail
une grosse tomate pelée et épépinée
un bouquet garni (thym, laurier)
une rondelle de citron
une petite branche de fenouil

Placer dans un grand faitout, les têtes des poissons, que vous avez vidées, écaillées et parées pour la bouillabaisse et au besoin quelques parures supplémentaires demandées à votre poissonnier. Mouiller de 4 litres d'eau, ajouter les ingrédients (oignon, ail, tomate, bouquet garni, rondelle de citron, fenouil) et porter à ébullition un quart d'heure. Passer le bouillon au chinois et le réserver.

Préparation de la bouillabaisse
2 beaux oignons blancs
2 grosses tomates pelées, épépinées et concassées
2 blancs de poireaux
4 gousses d'ail hachées
15 cl d'huile d'olive
60 g de beurre
un bouquet garni (thym, laurier, fenouil, sarriette)
une cuillère à café de persil haché
une pincée d'anis étoilé
une bonne pincée de safran en poudre
sel, poivre
10 tranches de pain grillées frottées d'ail

Dans une grande casserole en acier pouvant supporter un feu très vif, faire revenir doucement les oignons, les blancs de poireaux finement hachés avec une noisette de beurre et 2 cuillères à soupe d'huile d'olive. Lorsque les oignons sont transparents, disposer dans la casserole, les poissons à chair ferme, mouiller de fumet (au moins trois litres et demi). Incorporer l'ail, les tomates, le bouquet garni, le persil et les condiments divers (safran, anis étoilé). Saler, poivrer. Répartir le beurre en petits morceaux dans le liquide. Ajouter le reste d'huile. Porter à grande ébullition pendant 6 minutes. Incorporer rapidement les poissons tendres et éventuellement cigales et langoustes. Continuer l'ébullition 8 minutes. Rectifier si besoin est l'assaisonnement avant de servir. Les poissons délicatement prélevés du bouillon seront servis à part sur un plat chaud et la soupe ou bouille sera versée dans un grand plat de grès creux et chaud sur des tranches de pain grillées frottées d'ail.

N.B. La bouillabaisse doit être servie immédiatement après la fin de cuisson car autrement l'aspect crémeux naturel dû à la liaison du beurre et de l'huile dans le bouillon disparaîtrait rapidement. Elle peut être accompagnée d'une rouille (mayonnaise au coulis de tomate, relevée de plus ou moins de Cayenne selon la force désirée et mêlée au dernier moment d'un peu de bouille).

MARMITE DIEPPOISE

Pour six à huit personnes:

1 sole de 350 g
1 rouget grondin de 300 g
3 rougets barbets ou surmulets (environ 150 à 200 g chacun)
1 merlan de 200 g
1 litre de moules de bouchots
250 g de bouquets
1 oignon, deux gousses d'ail
2 échalotes grises hachées
1 blanc de poireau (150 g)
200 g de champignons de Paris dont 100 g hachés, 100 g émincés et étuvés
1 l de cidre
50 cl de vin blanc sec (gros-plant, muscadet)
10 cl de calvados
25 cl de crème fraîche
bouquet garni (thym, laurier, romarin, persil, passe-pierre)
1 citron
sel, poivre, une pincée de cayenne
2 œufs
170 g de beurre

Préparation du fumet:

Laver et vider les poissons, garder à part les foies de rougets barbets et placer dans une casserole les têtes, les peaux et le merlan en menu morceaux, les carottes, l'oignon piqué de clous de girofles, l'ail et le bouquet garni.

Saler, poivrer et relever avec une pincée de cayenne puis faire bouillir modérément pendant vingt minutes.

Entre temps, faire ouvrir les moules et réserver leur jus de cuisson soigneusement décanté.

Lorsque le temps d'ébullition du fumet est révolu, le passer et le presser.

Préparation du velouté:

Dans une marmite émaillée, faire fondre 50 g de beurre, ajouter les champignons hachés, les échalotes et le blanc de poireau le tout également haché.

Faire revenir cinq minutes sans laisser se colorer puis ajouter 2 cuillères à soupe de farine tamisée; bien mélanger à feu doux puis mouiller avec le fumet.

Porter à ébullition et laisser frémir dix minutes.

Passer la réduction au chinois puis ajouter le jus de cuisson des moules.

Rectifier, si besoin est, la consistance du velouté obtenu avec 20 g de beurre manié avec 1 cuillère à soupe rase de farine tamisée.

N.B. Votre velouté doit rester léger pour tenir compte de la réduction qui a lieu pendant la cuisson des poissons.

Cuisson des poissons:

Tronçonner les poissons en morceaux de 5 à 7 cm de longueur en prenant soin de conserver l'arête centrale pour éviter leur effritement à la cuisson.

Placer vos morceaux de poissons et les foies des rougets dans le velouté et faire frémir 25 à 35 minutes à feu moyen.

Entre temps, décortiquer les moules (en garder quelques-unes en coquille pour la décoration du plat).

En fin de cuisson, fouetter la crème fraîche avec le jus d'un demi-citron, 10 cl de calvados, 2 jaunes d'œufs, ajouter les champignons émincés et utiliser ce mélange pour lier le velouté.

Servir sur chauffe-plat avec des croûtons frits au beurre, une rondelle de citron, les moules non décortiquées et les bouquets préalablement réchauffés au four.

BAKEOFE

(Prévoir de mariner 24 heures)

Viandes:
800 g de poitrine de bœuf
800 g d'épaule d'agneau
800 g d'échine de porc
en morceaux de 50 g environ
150 g de poitrine fumé en petits dés (facultatif)
Marinade:
1 litre de riesling
1 carotte en rondelles
1 gros oignon émincé
1 gousse d'ail
1 bouquet garni (thym, laurier, persil, estragon)
15 g de sel fin
8 tours de moulin à poivre
2 clous de girofle
Légumes:
3 kg de pommes de terre à chair ferme coupées en rondelles de 3 à 4 mm d'épaisseur
500 g d'oignons émincés
Epices et agents de cuisson:
3 branches de thym
3 petites feuilles de laurier
30 g de sel
poivre (selon goût)
muscade râpée (selon goût)
huile ou beurre

Faire mariner les viandes, le lard et les épices indiquées ci-dessus dans une grande jatte où vous aurez versé le riesling (tourner les viandes quatre fois).

Préparation du plat:

Prendre une grande terrine ovale (40 cm de longueur) bien graissée au pinceau avec l'huile (huile d'arachide) ou beurre fondu.

Disposer au fond en un lit régulier un quart des pommes de terre et des oignons émincés (ajouter à l'ensemble l'oignon de la marinade).

Répartir les lardons de la marinade et éparpiller une branche de thym.

Saler (10 g) et poivrer.

Sur ce premier lit de pommes de terre et d'oignons, tasser la viande de porc.

Couvrir d'un deuxième lit de pommes de terre comme ci-dessus.

Tasser la viande d'agneau.

Troisième lit de pommes de terre et d'oignons.

Tasser la viande de bœuf.

Recouvrir du reste des pommes de terre et d'oignons.

Passer la marinade au chinois et verser sur le tout.

Fermer la terrine et luter le couvercle avec un peu de farine mêlée d'eau.

Cuire 3 heures à four doux (thermostat 4/5).

CASSOULET
(Languedoc ou Toulouse)

850 g de haricots (michelet de préférence)
400 g de collier d'agneau (les tranches de collier étant coupées en quatre)
300 g de lard de poitrine maigre
300 g de couenne de porc fraîche
600 g d'échine de porc
400 g de confit d'oie maigre et sans os
un saucisson à l'ail de 200 g (chair à saucisse, mie de pain trempée dans du lait, 2 gousses d'ail hachées, sel, poivre, le tout dans un boyau)
4 gousses d'ail (rouge du Tarn)
2 carottes
2 gros oignons blonds piqués chacun d'un clou de girofle
un bouquet garni (thym, laurier, romarin, persil)
2 tomates pelées, épépinées et pilées au mortier
100 g de chapelure blonde
sel, poivre

Faire tremper les haricots, s'ils sont secs, depuis la veille. Les égoutter et les faire revenir doucement dans une grande sauteuse avec le lard de poitrine maigre, la couenne de porc et la graisse d'oie huit à dix minutes. Les remettre ensuite dans une grande terrine. Les recouvrir d'eau froide. Chauffer lentement jusqu'à ébullition, écumer, laisser bouillir 5 minutes et égoutter. Les replacer dans la terrine avec 10 g de sel, la couenne

Bakeofe

Choucroute à l'alsacienne avec quenelles de foie

de porc et le lard de poitrine maigre. Recouvrir de 5 centimètres d'eau froide. Ajouter les carottes, un oignon piqué d'un clou de girofle, deux gousses d'ail et le bouquet garni. Cuire à feu très doux pendant une heure et demie.

Entre temps, faire rissoler en cocotte à feu doux dans la graisse d'oie du confit, l'échine de porc, le collier d'agneau et le saucisson à l'ail, 2 gousses d'ail et l'oignon restant hachés. Ajouter les tomates réduites en purée et 20 cl de jus de cuisson des haricots. Laisser mijoter très doucement environ 15 minutes. Lorsque les haricots sont presque cuits, incorporer dans la grande terrine les viandes (l'échine de porc, le collier d'agneau et le saucisson à l'ail) et leur bouillon de cuisson. Rectifier l'assaisonnement (sel, poivre). Fermer la terrine et luter le couvercle avec un peu de farine mêlée d'eau. Placer à four très doux pendant deux heures et demie. Ouvrir la terrine, incorporer les morceaux de confit d'oie et saupoudrer légèrement de chapelure. Mettre au four (sans couvercle) à gratiner 20 minutes. Servir en terrine.

LA MIQUE LEVÉE

500 g de farine de froment
une cuillère à soupe de graisse d'oie fondue
2 pincées de sel
4 œufs
50 g de levure de boulanger
1,500 kg de palette de porc demi-sel ou de jambonneau
un cœur de chou (500 g environ)
4 carottes moyennes
4 navets ronds moyens
5 blancs de poireaux
selon goût, une petite pomme de terre par personne
un oignon piqué de deux clous de girofle

Dans une terrine, disposer en fontaine la farine. Casser les œufs en son centre. Ajouter deux pincées de sel, une cuillère à soupe de graisse d'oie et les 50 g de levure de boulanger délayée dans un peu d'eau tiède. Commencer à mélanger les ingrédients avec une spatule en bois, puis continuer à la main dès qu'une pâte homogène est obtenue au centre de la fontaine. Pétrir vivement pendant vingt minutes, rassembler la pâte en boule, fariner légèrement, puis placer en terrine. Couvrir d'un torchon et laisser lever au chaud pendant plusieurs heures. Lorsque la pâte est levée correctement (au minimum 4 heures) sa surface est toute fendillée et elle a plus que doublé de volume.

Préparation du bouillon:

Dans un grand faitout rempli d'eau froide, plonger vos viandes (palette de porc demi-sel ou jambonneau) bien rincées auparavant. Porter à ébullition et laisser cuire une heure. Ajouter alors les carottes, le cœur de chou, les navets, l'oignon piqué de deux clous de girofle, et les blancs de poireaux. Un quart d'heure plus tard, introduire la mique qui doit cuire à petits bouillons pendant encore une heure. La retourner à mi-cuisson pour qu'elle cuise également des deux côtés. Lorsque la mique est cuite, la disposer sur un plat de service avec la viande et les légumes et la détailler en morceaux à l'aide de deux fourchettes et jamais avec un couteau. La mique froide peut être réchauffée au beurre et à la poêle et servir de légume d'accompagnement.

CHOUCROUTE À L'ALSACIENNE AVEC QUENELLES DE FOIE (CHOUCROUTE ROYALE)

Viandes:
une petite palette de porc fumé (1/2 sel)
un jarret de porc 1/2 sel
500 g de lard fumé maigre en tranche d'1/2 cm
1 kg de carré de porc demi-sel
6 paires de saucisses de Strasbourg
12 quenelles de foie (voir préparation ci-après)
150 g de graisse d'oie (ou à défaut de saindoux)
Légumes, épices, etc:
2 kg de choucroute bien blanchie et pas trop aigre
2 gros oignons dont un piqué de 2 clous de girofle
2 gousses d'ail pilées
10 baies de genièvre pilées
10 baies de genièvre entières
1 crépine de porc bien souple (mise à tremper dans de l'eau additionnée de kirsch quelques heures, puis frottée de graisse d'oie)
1/2 litre de riesling
1 petit pochon de toile

Préparation de la choucroute:

Faire dessaler le porc demi-sel quelques heures à l'eau froide.

Dans une grande bassine, laver à grande eau (froide) une première fois la choucroute.

Egoutter soigneusement et presser pour extraire le maximum d'eau.

Relaver la choucroute une deuxième fois avec de l'eau très chaude, égoutter, puis presser fortement.

Cuisson:

Prendre de préférence une vaste cocotte en fonte émaillée à fond épais et couvercle à réserve d'eau.

Faire revenir, sans dorer, dans de la graisse d'oie, un des oignons émincé finement.

Répartir ensuite la choucroute dans la cocotte.

Placer dans le pochon de toile l'ail et le genièvre pilés avec l'oignon garni de clous de girofle.

Mouiller à mi-hauteur avec le riesling coupé d'eau.

Poivrer et saler (modérément car les viandes de porc demi-sel restituent du sel).

Porter à ébullition, puis régler à four moyen (5/6).

Enfouir sous la choucroute la palette, le carré de porc, le jarret et les tranches de lard fumé.

Couvrir soigneusement avec la crépine de porc, fermer la cocotte et laisser cuire une heure, le creux du couvercle étant toujours rempli d'eau.

Après une heure de cuisson relativement rapide, baisser les feux, contrôler la présence de liquide au fond de la marmite (veiller à ce qu'il y ait toujours au moins 3 cm au fond de la marmite). Couvrir et laisser mijoter doucement deux heures.

35 minutes avant la fin de cuisson, ajouter sur le dessus, les pommes de terre afin qu'elles cuisent à la vapeur en s'imprégnant du fumet des viandes et de la choucroute et les dix grains de genièvre qui parfumeront votre choucroute.

Préparation des quenelles de foie:
(pendant que la choucroute cuit)
200 g de foie de porc
100 g de lard fumé gras
1 gros oignon émincé finement
1 gousse d'ail
40 g de semoule de blé dur très fine
80 g de mie de pain
10 g de cerfeuil, 10 g de persil
2 gros œufs (+ de 70 g) battus en omelette
sel, poivre
1 pincée de muscade râpée
3 litres d'eau salée à 5 g par litre

Faire tremper la mie de pain dans du lait pour qu'elle soit bien molle, puis l'essorer soigneusement (presser dans un linge).

Faire suer (faire revenir jusqu'à transparence) l'oignon émincé.

Hacher finement le foie, le lard, le cerfeuil et le persil.

Piler les oignons cuits et l'ail.

Mélanger le tout à la mie de pain, ajouter les œufs battus.

Saler, poivrer.

Travailler au pilon jusqu'à ce que le mélange soit bien homogène.

Laisser reposer quelques minutes pendant lesquelles vous porterez à frémissement trois litres d'eau salée.

Pour le moulage des quenelles, utiliser une planchette de bois légèrement farinée.

Mouler en forme d'œuf allongé et faire glisser dans l'eau très chaude.

Laisser pocher dix minutes, égoutter en serviette et garder au chaud jusqu'au service de la choucroute.

Présentation:

Lorsque la choucroute est cuite, ôter le pochon de toile, prélever les viandes et les pommes de terre.

Découper en tranches le carré de porc, la palette et le jarret.

Egoutter la choucroute et la répartir sur le plat de service très chaud.

Dans le jus restant, pocher 5 minutes les saucisses de Strasbourg.

Disposer sur la choucroute les viandes et les saucisses.

Garnir le tour avec les quenelles alternées avec les pommes de terre.

Servir sur chauffe-plat (les assiettes doivent être également très chaudes pour éviter que les graisses ne figent).

KIG-HA-FARZ
(Saint-Renan)

Pous six à huit personnes:
500 g de farine de sarrasin (ou blé noir)
750 g de petit salé ou jarret de porc sans os
500 g de queue de bœuf
500 g de gîte-gîte
200 g de beurre demi-sel
20 cl de crème fraîche
4 œufs battus en omelette
2 cuillerées à soupe de sucre
1 cuillerée à soupe de sel fin
200 g de petits raisins secs
50 cl de lait
1 chou blanc de 1 kg
4 grosses carottes (750 g)
6 navets (500 g)
4 oignons dont 1 piqué de 2 clous de girofle
2 blancs de poireaux
1 bouquet garni (persil, thym, laurier, branche de céleri)
1 sac de grosse toile de 30 cm sur 20 cm mis à tremper pendant 10 minutes.

Préparation du pot-au-feu:

Dans un grand fait-tout, faire chauffer 7 litres d'eau. Y plonger les légumes en petits morceaux (à l'exception du chou) et le bouquet garni. Saler très modérément, le petit salé justifiant son nom. Lorsque l'eau commence à bouillir y mettre les viandes à cuire.

Faire reprendre l'ébullition et laisser frémir deux heures.

Préparation du farz:

Après une heure de cuisson du pot-au-feu, travailler dans une terrine en grès la farine de blé noir avec 20 cl de bouillon, le lait, la crème fraîche, les œufs, 125 g de beurre fondu, la cuillerée de sel fin, le sucre et les raisins secs. Vous obtiendrez ainsi une pâte fluide. Laisser reposer jusqu'à ce que les viandes aient cuit pendant les deux premières heures prévues. Verser alors la pâte dans le sac et fermer soigneusement celui-ci en laissant un peu de vide pour permettre au farz de gonfler (mettre deux ficelles par sécurité). Le placer dans le bouillon frémissant et continuer la cuisson du tout pendant encore une heure et demie.

Une demi-heure avant la fin de cuisson du farz, préparer votre chou de la manière suivante: le faire tout d'abord blanchir pendant 5 à 6 minutes dans l'eau bouillante salée, puis vider l'eau. Le faire revenir à feu doux avec 75 g de beurre demi-sel. Arroser de 20 cl de bouillon et laisser mijoter à couvert jusqu'au moment de servir.

En fin de cuisson du farz:

Retirer le sac et le laisser reposer 5 minutes dans une passoire.

Entre temps, sortir les viandes à l'écumoire et les placer au centre d'un plat de service chaud.

Le sac ayant refroidi 5 mn le rouler à main nue (attention aux brûlures) sur une planche à pâtisserie de manière à ce que la pâte en se désagrégeant prenne une consistance sableuse.

Ouvrir le sac et répartir son contenu autour des viandes.

Agrémenter avec quelques légumes et les morceaux de chou.

Servir à part le bouillon avec lequel on pourra mouiller le contenu des assiettes.

Les boissons d'accompagnement conseillées sont, soit un bon cidre brut soit du lait ribot.

Kig-ha-farz

POT-AU-FEU

1,200 kg de viande de pot-au-feu (réparti entre gîte à la noix, plat de côtes et gîte-gîte)
1 queue de bœuf
2 os à moelle
4 poireaux
6 carottes
3 navets
une branche de céleri
2 oignons blancs piqués chacun d'un clou de girofle
une gousse d'ail
un bouquet garni (thym, laurier, romarin)
une branche de persil
12 pommes de terre à chair ferme à rajouter une demi-heure avant la fin de cuisson

Dans un faitout, mettre à bouillir 2 litres et demi d'eau salée et poivrée avec tous les légumes et aromates indiqués ci-devant. Lorsque l'eau commence à bouillir, y plonger les viandes. Mettre un couvercle et laisser bouillir doucement environ deux heures (ou une heure et quart s'il s'agit d'un autocuiseur). Ne pas omettre d'incorporer les pommes de terre 30 minutes environ avant la fin de cuisson (ou 12 minutes s'il s'agit d'un autocuiseur). Egoutter les viandes, les servir entourées des légumes et pommes de terre épluchées accompagnées de gros sel, cornichons et moutarde. Le bouillon peut être servi en soupière.

POTÉE AUVERGNATE

une palette de porc demi-sel ou de préférence un morceau d'échine d'1,500 kg
2 bandes de plat de côtes d'1 kg environ
1,500 kg de carottes
un chou vert bien pommé coupé en quatre et blanchi 10 minutes à l'eau bouillante
une douzaine de pommes de terre moyennes
un gros navet coupé en 8
2 gros oignons blonds d'hiver piqués chacun d'un clou de girofle
2 gousses d'ail
3 blancs de poireaux
un bouquet garni (thym, laurier, persil)
poivre

S'assurer que la viande à cuire n'est pas trop salée. Dans l'hypothèse où elle le serait, la mettre à tremper à l'eau froide le temps nécessaire indiqué par votre marchand de salaisons. Dans un grand faitout émaillé de préférence, placer vos viandes et les recouvrir largement d'eau froide. Porter à ébullition à feu moyen et cuire 2 heures à feu doux en écumant plusieurs fois. Lorsque le temps de cuisson est écoulé, ajouter les carottes pelées, coupées en deux dans le sens de la longueur et débarrassées des parties ligneuses trop dures, le chou auquel vous aurez retiré les côtes trop épaisses,

Potée auvergnate ▶

le bouquet garni, les blancs de poireaux, les morceaux de navets et les oignons piqués chacun d'un clou de girofle. Poivrer. Après 30 minutes de cuisson, incorporer les pommes de terre épluchées coupées en deux. Poursuivre la cuisson 40 minutes et servir les viandes sur plat chaud entourées de quelques légumes et le bouillon en soupière avec le reste de légumes. Une soupe agréable peut être réalisée le lendemain en mouillant de bouillon contenant quelques légumes des tranches de pain grillées disposées dans les assiettes à soupe.

PETIT SALÉ AUX LENTILLES

une demi-palette d'1,500 kg environ
750 g de travers de poitrine de porc
un morceau de lard de poitrine fumé
500 g de lentilles vertes du Puy
un bel oignon piqué de 2 clous de girofle
2 gousses d'ail
3 belles carottes coupées en deux dans le sens de la longueur et de la largeur
un bouquet garni (thym, laurier, persil)
2 ou 3 petits navets (nouveaux uniquement)
poivre (et éventuellement sel dans l'hypothèse où les viandes seraient insuffisamment saumurées)

Mettre les viandes à dessaler dans un récipient creux. Les recouvrir abondamment d'eau froide et laisser ainsi le temps qui vous aura été conseillé par votre charcutier.

Placer ensuite les viandes dans un faitout. Les recouvrir d'un à deux centimètres d'eau froide. Porter à ébullition et laisser bouillir en écumant régulièrement pendant une heure et quart. Lorsque les viandes sont ainsi à moitié cuites, ajouter les lentilles (au préalable triées et trempées pendant le temps de précuisson des viandes), le lard fumé, les carottes, l'oignon, l'ail, les navets et le bouquet garni. Rectifier le niveau d'eau à 10 cm audessus des éléments contenus dans le faitout. Porter à nouveau à ébullition et cuire une heure à feu doux. Vérifier l'assaisonnement et servir entouré de légumes et éventuellement de pommes de terre en robe des champs ajoutées dans le bouillon une demi-heure avant de servir.

FONDUE BOURGUIGNONNE

200 g par personne de filet de bœuf ou de préférence de rumsteak ou de faux-filet découpé en petits cubes (3 × 3 cm)
sel, poivre
3 décilitres d'huile d'arachide
3 cuillères à soupe d'huile d'olive
2 branches de thym
2 feuilles de laurier

Faire chauffer doucement sur votre cuisinière dans un poêlon à fondue, le mélange d'huile d'arachide et d'olive aromatisé avec le thym et le laurier. Porter à frémissement. Tester la chaleur de l'huile en y plongeant un petit morceau de viande, celui-ci doit provoquer un foisonnement de bulles et être saisi en quelques secondes (10 secondes). Vous pouvez alors transporter votre poêlon sur le réchaud à alcool placé au centre de votre table et inviter chaque convive à cuire individuellement ses morceaux de viande piqués sur des fourchettes adéquates. Servir avec les sauces d'accompagnement suivantes: ailloli, sauce mayonnaise verte, sauce piquante, sauce tartare ou béarnaise dont vous trouverez les recettes à la rubrique sauce.

FONDUE SAVOYARDE

500 g de beaufort
500 g de comté
250 g de vacherin
une gousse d'ail
une pincée de noix de muscade râpée
6 verres de vin blanc sec de Savoie
pain légèrement grillé coupé en gros dés
poivre

Couper les fromages en menus morceaux après en avoir ôté généreusement les croûtes. Frotter un caquelon avec de l'ail. Y placer les morceaux de fromage et verser les six verres de vin blanc sec. Poivrer et ajouter la pincée de noix de muscade. Mettre à feu doux et tourner avec une cuillère en bois jusqu'à ce que le fromage soit entièrement fondu et que vous ayez obtenu une pâte homogène et pas trop épaisse. Allonger au besoin avec un peu de vin blanc préalablement chauffé. Placer le caquelon sur un réchaud à alcool au centre de la table et inviter chaque convive à tremper dans la fondue des morceaux de pain piqués sur des fourchettes adéquates. Accompagner d'un vin blanc sec de Savoie (crépy par exemple).

GALETTES DE SARRASIN

500 g de farine de sarrasin
100 g de beurre demi-sel fondu
2 œufs
180 g de lard fumé gras demi-sel
30 cl de cidre brut
1 pichet d'eau
quelques pincées de sel

Préparation de la pâte:

Mettre la farine dans une grande terrine en grès. Ménager en son centre une fontaine et y casser les œufs. Travailler avec une cuillère en bois et délayer petit à petit avec le cidre, puis l'eau, jusqu'à obtention d'une pâte bien lisse, fluide mais non liquide. Incorporer le beurre fondu et rectifier éventuellement la salinité (quelques pincées de sel suffiront selon goût). Laisser reposer quelques heures à température ambiante avant d'utiliser.

Préparation des galettes:

Faire chauffer une galetoire (ou une poêle à griller en fonte épaisse, large et à bords ras).

La frotter avec le lard gras sur toute sa surface de manière à empêcher la galette d'y adhérer.

Prendre une louche graduée et faire un premier essai pour déterminer la quantité exacte de pâte nécessaire pour couvrir la surface de l'ustensile utilisé (poêle ou galetoire).

Verser la louche de pâte et étendre rapidement son contenu avec une raclette (un tour de main à

Petit salé aux lentilles

Côtes d'Auvergne
VIN DELIMITE DE QUALITE SUPERIEURE
Joseph Bourcheix
Maître Vigneron

Galettes de sarrasin

prendre). Cuire 2 minutes à feu vif puis tourner la galette avec une tournette (ou un couteau à beurre).

Beurrer rapidement et éventuellement garnir une moitié de la galette, selon goût, de fromage, jambon, oignons précuits, etc.

Replier la moitié non garnie sur la première, beurrer de nouveau puis tourner la demi-crêpe.

Cuire de nouveau une minute environ à feu vif et servir avec une bolée de bon cidre brut.

N.B. Ne pas omettre de regraisser la galetoire ou la poêle entre chaque galette.

AILLOLI

3 gousses d'ail rouge du Tarn
1 jaune d'œuf
1 tranche de pain de mie humidifiée au lait
20 cl d'huile d'olive
sel, poivre

Dans un mortier, réduire les gousses d'ail en purée. Ajouter le jaune d'œuf et la tranche de mie de pain humidifiée au lait. Saler, poivrer. Mêler entièrement le tout et ajouter peu à peu l'huile d'olive en tournant sans arrêt pour obtenir la consistance approximative d'une mayonnaise.

BEURRE MAITRE D'HÔTEL

50 g de beurre
1 gousse d'ail hachée
3 branches de persil hachées
sel, poivre, une pincée de paprika

Mêler intimement les éléments et disposer sur la viande au moment de servir.

SAUCE MAYONNAISE

un jaune d'œuf (à température ambiante)
une cuillère à dessert de moutarde forte
20 cl d'huile d'arachide (maximum)
1/2 cuillère à café de vinaigre de cidre ou de vin
3 pincées de sel
3 tours de moulin à poivre (réglé fin)

Mélanger le jaune d'œuf et la moutarde avec une cuillère en bois. Ajouter sans cesser de tourner l'huile d'arachide jusqu'à ce que vous ayez obtenu la quantité voulue avec la consistance souhaitée. Incorporer le vinaigre puis le sel et le poivre, bien homogénéiser. Conserver au frais mais pas au réfrigérateur.

SAUCE MAYONNAISE VERTE

un jaune d'œuf (à température ambiante)
une cuillère à dessert de moutarde forte
20 cl d'huile d'arachide
1/2 cuillère à café de vinaigre de cidre ou de vin
3 pincées de sel
3 tours de moulin à poivre (réglé fin)
cerfeuil
persil
estragon
câpres

Piler le cerfeuil, le persil et l'estragon au mortier et mélanger à la sauce mayonnaise préparée comme indiqué précédemment. Ajouter des câpres.

SAUCE GRIBICHE

2 jaunes d'œufs durs
1 cuillère à soupe de moutarde
15 à 20 cl d'huile d'arachide
1 cuillère à soupe de vinaigre
1 branche de persil hachée
1 branche d'estragon hachée
1 petite échalote
les blancs d'œufs hachés très finement
1 pincée de paprika
sel, poivre

Réduire en purée lisse les jaunes d'œufs durcis. Les mêler avec la moutarde et monter le tout en mayonnaise en ajoutant l'huile peu à peu. Agrémenter d'un filet de vinaigre puis incorporer les herbes (persil et estragon), l'échalote hachée finement et en dernier le hachis de blancs d'œufs. Rectifier l'assaisonnement, sel poivre et paprika.

SAUCE RAVIGOTE

une cuillère à café de persil haché
une cuillère à soupe de câpres hachées
une cuillère à café de cerfeuil
une cuillère à café d'estragon
une cuillère à soupe de moutarde
un oignon blanc moyen haché
6 cuillerées à soupe d'huile d'arachide
2 cuilleres à café de vinaigre
sel, poivre

Fouetter le tout vivement et ajouter 5 cl de l'eau de cuisson de la viande à accompagner. Saler, poivrer. Cette sauce convient particulièrement au pot-au-feu et à la tête de veau.

SAUCE REMOULADE

20 cl d'huile d'arachide
2 cuillères à soupe de vinaigre
2 cuillères à soupe de moutarde
sel, poivre

Placer dans un bol à sauce la moutarde. Monter en mayonnaise avec l'huile. Ajouter le vinaigre, le sel, le poivre. Mélanger.

SAUCE TARTARE

un jaune d'œuf
20 cl d'huile d'arachide
jus d'un demi-citron
une cuillère à soupe de moutarde
2 échalotes
cerfeuil
estragon
une pointe de cayenne
sel, poivre

Mettre dans un bol à sauce un jaune d'œuf, la moutarde. Monter en mayonnaise avec l'huile. Ajouter le jus d'un demi-citron. Incorporer les herbes et les échalotes soigneusement pilées au mortier. Saler, poivrer et ajouter une pointe de cayenne.

VINAIGRETTE À L'ÉCHALOTE

15 cl de vinaigre de cidre ou de vin
3 belles échalotes grises hachées et pilées
1 cuillère à soupe d'huile d'arachide
2 pincées de sel fin
2 tours de moulin à poivre

Bien mélanger au fouet et laisser reposer à température ambiante pour sublimer le parfum de l'échalote.

BEURRE BLANC

un demi-verre à moutarde de vinaigre de cidre
2 jaunes d'œufs
une échalote hachée (assez grosse)
2 branches de persil émincées
2 branches d'estragon
250 g de beurre
sel, poivre

Homard à la crème (recette page 27).

Faire réduire le mélange vinaigre, échalote, estragon et persil jusqu'à limite du liquide sur les parties sèches. Passer au chinois l'exsudat. Mélanger hors du feu cet exsudat avec les 250 g de beurre réduits en menus morceaux sans cesser de tourner. Placer la casserole au bain-marie et ajouter petit à petit les jaunes d'œufs en battant au fouet continuellement jusqu'à obtention d'une crème onctueuse dont vous relèverez le goût selon vos souhaits.

SAUCE BÉARNAISE

2 grosses échalotes hachées
1 petit bouquet d'estragon haché
10 cl de bon vinaigre de vin vieux
2 gros jaunes d'œufs
150 g de beurre réduit en petits morceaux
2 branches d'estragon hachées frais pour mettre au dernier moment
sel, poivre

Dans une casserole en acier, placer le vinaigre, les échalotes et le bouquet d'estragon hachés. Laiser réduire jusqu'à affleurement du vinaigre avec les ingrédients eux-mêmes réduits par la cuisson. Passer au chinois le mélange pour obtenir l'exsudat de l'ensemble. Remettre cet exsudat dans une autre casserole à sauce et ajouter en fouettant sans arrêt le beurre, puis les jaunes d'œufs. Saler, poivrer et continuer de fouetter jusqu'à obtention d'une consistance crémeuse. Dans l'hypothèse où la liaison viendrait à se défaire, prévoir à vos côtés quelques centilitres d'eau glacée. Pour avoir une certitude de réussite, effectuer la liaison au bain-marie. Ajouter au dernier moment les branches d'estragon hachées que vous aurez conservées à cet effet.

SAUCE BÉCHAMEL

125 g de beurre
2 cuillères à soupe de farine
1 litre de lait

Réaliser un roux blond, y ajouter le lait chaud, faire réduire à feu doux quelques minutes afin d'obtenir une consistance lisse et crémeuse sans grumeau, rendue parfaite par un passage au tamis très fin ou à l'étamine.

SAUCE NANTUA

250 g de beurre (dont 125 g pour la béchamel)
2 cuillères à soupe de farine
1 litre de lait
une douzaine et demie d'écrevisses
10 cl de crème fraîche
une petite tomate pelée et épépinée réduite en purée, très fine
un filet de cognac
paprika
sel, poivre

Préparer une béchamel (cf. recette de la sauce béchamel ci-avant). Cette sauce de base étant prête, piler les queues et les carapaces des têtes d'une dizaine d'écrevisses avec un poids égal de beurre réduit en pommade. Passer au tamis très fin pour ôter tout morceau de carapace. Ajouter à la béchamel avec 10 cl de crème fraîche et éventuellement une petite tomate pelée et épépinée réduite en purée très fine. Rectifier l'assaisonnement sel, poivre, paprika, un filet de cognac; incorporer les écrevisses entières restantes.

SAUCE BEURRE CARDINAL

Il s'agit de la même préparation que celle de la sauce Nantua mais les écrevisses y sont remplacées par du homard.

SAUCE À LA TOMATE OU SAUCE AURORE

On y retrouve les mêmes ingrédients que dans la sauce Nantua ou la sauce beurre cardinal, cependant la quantité de tomates pilées est plus importante et on y adjoint un bouquet garni (thym, laurier et romarin).

SAUCE À LA CRÈME

125 g de beurre
2 cuillères à soupe de farine
1 litre de lait
25 cl de crème fraîche
éventuellement des champignons de Paris
un filet de cognac
sel, poivre

Préparer une béchamel (cf. recette de la sauce béchamel ci-avant). Y ajouter 25 cl de crème fraîche et éventuellement des champignons de Paris sautés au beurre et dégraissés, du sel, du poivre et un filet de cognac.

SAUCE AUX OLIVES

100 g de beurre
3 cuillères à soupe de farine
un verre de vin rouge
300 g d'olives vertes
sel, poivre

Faire fondre le beurre dans une casserole à fond épais. Lorsqu'il est fondu, ajouter la farine. Tourner quelques instants à feu vif avec une cuillère en bois, puis baisser les feux. Lorsque vous aurez obtenu une couleur marron clair, mouiller avec le vin rouge sans cesser de tourner, puis avec de l'eau bouillante (préparée à l'avance) afin d'obtenir une bouillie assez épaisse. Laisser mijoter à feu très doux au moins une heure en surveillant que la sauce n'attache pas et en ajoutant éventuellement un peu d'eau si celle-ci devenait trop épaisse. Entre temps, dénoyauter les olives et les cuire à l'eau bouillante pendant 15 à 20 minutes en changeant au moins une fois l'eau de cuisson afin d'éviter leur âcreté. Les égoutter et les incorporer dans le roux préalablement préparé. Ajouter juste avant de servir le jus de cuisson de la viande à accompagner. Rectifier l'assaisonnement, sel, poivre. Cette sauce accompagne parfaitement un rôti de bœuf.

SAUCE CHASSEUR

100 g de beurre
2 cuillères à soupe d'huile d'arachide
150 g de champignons de Paris émincés ou de préférence de champignons sauvages (girolles, grisets, pleurotes ou trompettes de la mort)
2 cuillères à soupe de farine
5 cl de pinot des charentes
1 belle échalote grise
2 tomates bien mûres pelées, épépinées et réduites en purée au pilon
1 branche d'estragon hachée finement
1 branche de persil hachée finement
1 verre de vin blanc sec
sel, poivre

Dans une petite poêle, faire revenir à feu vif dans un mélange de beurre (40 g) et d'huile (2 cuillères à soupe) les champignons jusqu'à ce qu'ils aient rendu la quasi-totalité de leur eau. Ajouter l'échalote hachée au moment de retirer la poêle du feu et de la réserver. Entre temps, dans une casserole en acier, placer les 60 g de beurre restant. Incorporer alors la farine et réaliser doucement un roux brun. Ajouter le contenu de la poêle. Mouiller avec le pinot des Charentes et le vin blanc sec. Adjoindre la purée de tomates, le persil et l'estragon hachés. Rectifier l'assaisonnement (sel, poivre). Selon le type de farine utilisé, la quantité de liquide nécessaire peut être plus importante. Dans l'hypothèse ou la sauce paraîtrait trop épaisse, l'allonger avec du vin et de l'eau (en quantité égale).

SAUCE PÉRIGUEUX

80 g de beurre
1 petite échalote grise hachée finement
10 cl de madère
15 cl d'eau
1 filet de cognac
2 cuillères à soupe bombée de farine tamisée
30 g de morceaux de truffes avec leur jus
1 petite pincée de thym effeuillé
sel, poivre

Faire fondre doucement le beurre dans une casserole en acier à double fond. Ajouter la farine et laisser mijoter jusqu'à obtention d'un beau roux brun. Mouiller d'un seul coup avec le madère, 15 cl d'eau et le filet de cognac. Incorporer l'échalote, puis les morceaux de truffes et la pincée de thym effeuillé. Poivrer selon goût. Saler modérément (la sauce devant réduire). Réduire au bain-marie à feu doux jusqu'à consistance souhaitée.

SAUCE MADÈRE

100 g de beurre
2 cuillères à soupe de farine
20 cl de madère
1 belle échalote grise hachée
1 branche de persil hachée
1 bouquet garni (thym, laurier)
1 petite gousse d'ail hachée
1 pointe de cayenne
sel, poivre

Dans une casserole en acier, placer le beurre; réaliser doucement un roux brun avec le beurre et la farine. Incorporer l'échalote, l'ail. Laisser sur le feu quelques secondes encore, puis mouiller d'un seul coup avec le madère. Selon la consistance obtenue, allonger d'un peu d'eau ou de vin blanc moelleux. Ajouter le bouquet garni, le persil, le sel, le poivre et la pointe de cayenne. Laisser mijoter doucement 10 minutes en tournant souvent pour éviter que la sauce attache. Oter le bouquet garni. Passer au chinois avant de napper les viandes (jambon, bœuf braisé, rôti de porc ou de veau) auxquelles vous la destinez. Eventuellement ajouter à votre sauce madère le jus de cuisson des viandes qu'elle accompagne si celles-ci ont été rôties.

SAUCE MOUSSELINE

2 bonnes cuillères à soupe de vinaigre
une cuillère à soupe d'eau
3 jaunes d'œufs
une petite échalote hachée très finement
250 g de beurre réduit en pommade
15 cl de crème fraîche
sel, poivre

Dans une petite casserole en acier à fond épais, faire réduire le mélange vinaigre et eau additionné de poivre jusqu'à obtention d'un volume égal à celui d'une cuillère à café. Retirer du feu votre casserole et la placer dans un bain-marie très chaud, mais non bouillant. Ajouter les jaunes d'œufs et 2 cuillères à soupe d'eau froide. Fouetter vivement le tout sans arrêt en ayant soin de n'oublier aucune partie du fond de la casserole afin d'obtenir une consistance crémeuse. Incorporer alors petit à petit en fouettant vivement le beurre en pommade. Saler légèrement. Il peut arriver que la sauce devienne trop rapidement solide, dans ce cas, ajouter de temps en temps de petits filets d'eau tiède. Continuer l'opération jusqu'à utilisation de la totalité du beurre et l'obtention d'une consistance assez épaisse semblable à celle de la crème fraîche. Relever l'assaisonnement et garder au chaud au bain-marie à température modérée. Dans le cas ou par excès de chaleur, la sauce viendrait à se dissocier, ajouter rapidement un filet d'eau glacée qui, si aucune fausse manœuvre n'a été réalisée, devrait suffire à la faire reprendre. Si la sauce persistait à vouloir tourner la reprendre dans une autre casserole, où aura été placée une cuillère à soupe d'eau chaude, en mélangeant au fouet la sauce tournée par petites quantités. Vous obtiendrez l'effet de mousseline en mélangeant à la crème obtenue un tiers de son volume de crème fraîche fouettée au moment de servir. Rectifier l'assaisonnement.

SAUCE PIQUANTE

3 cuillères à soupe de farine
125 g de beurre
1 verre à moutarde (10 cl) de vinaigre
1 sucre
5 à 10 cl de madère
100 g de cornichons coupés en rondelles fines
1 pincée de piment de cayenne
2 cl de bouillon de cuisson de la viande à accompagner
150 g de rondelles de carottes ayant cuit dans le bouillon de cuisson de la viande à accompagner
sel, poivre

Dans une grande poêle creuse en fonte, faire un roux avec le mélange beurre et farine, celui-ci devant être de couleur ambrée soutenue. Déglacer à feu doux avec le madère, puis le vinaigre.

Ajouter les 25 cl de bouillon de cuisson d'un seul coup. Incorporer le sucre, les rondelles de cornichons et de carottes. Rectifier l'assaisonnement (sel, poivre, piment de cayenne) et laisser mijoter quelques minutes à feu doux.

Servir chaud.

SAUCE DOUCE DE BRETAGNE

2 jaunes d'œufs
10 cl de court-bouillon très froid, de cuisson des poissons ou crustacés à

accompagner, passé au chinois et à l'étamine
1 cuillère à soupe de vinaigre de vin blanc
1 cuillère à café de fines herbes hachées et pilées (ciboulette, ciboule, estragon, passe-pierre)
100 g de beurre en petites noisettes, à température ambiante
1 pincée de sel fin et 2 tours de moulin à poivre réglé fin

Préparer au bain-marie. Battre ensemble dans une casserole répartissant bien la chaleur (cuivre étamé de préférence), les jaunes d'œufs, le court-bouillon, le vinaigre, les fines herbes, le sel et le poivre, jusqu'à l'obtention d'une consistance mousseuse. Incorporer petit à petit les noisettes de beurre en continuant à battre modérément. La sauce prendra alors la consistance crémeuse souhaitée. Cette sauce accompagne parfaitement les poissons ou les crustacés.

CÈPES À LA SARLADAISE

750 g de pommes de terre (vieilles)
4 grosses cuillères à soupe de graisse d'oie ou de canard
750 g de cèpes émincés grossièrement
1 tranche fine de poitrine fumée coupée en tout petits dés
3 belles gousses d'ail (10 g)
3 à 4 branches de persil (simple de préférence) avec tiges
sel, poivre
bouquet garni (thym, laurier)

Eplucher les pommes de terre, les couper en rondelles d'un demi-centimètre d'épaisseur (éventuellement couper en deux les rondelles obtenues si les pommes de terre sont trop larges). Les rincer longuement à l'eau chaude pour éliminer l'amidon qui à la cuisson les ferait coller entre elles. Chauffer une sauteuse (de préférence en fonte). Y faire fondre la graisse choisie (canard ou oie) et revenir les petits lardons quelques instants, puis ajouter les pommes de terre qui doivent être retournées sans arrêt et délicatement pendant trois minutes avec une cuillère en bois. Incorporer les cèpes bien égouttés. Laisser suer cinq minutes à couvert. Enfin, assaisonner avec l'ail, le persil, le sel et le poivre. Adjoindre le bouquet garni. Mijoter un quart d'heure à feu doux et servir très moelleux avec un

Cèpes à la sarladaise

cahors. Ces cèpes dits à la sarladaise accompagnent délicieusement toutes les viandes ou gibiers marinés.

CHOU-FLEUR AU GRATIN

un chou-fleur ferme et serré
200g de gruyère râpé
20 cl de crème fraîche
une tranche de pain rassi
sel, poivre
une petite poignée de gros sel
un jaune d'œuf dur
125g de beurre
2 cuillères à soupe de farine
1 litre de lait

Séparer les bouquets de votre chou-fleur. Retirer les peaux intersticielles (sorte de membranes séparant chaque bouquet). Mettre à cuire à la vapeur légèrement parsemé de gros sel. Ajouter une tranche de pain rassis, séparée des bouquets par un panier ou une grille, pour absorber l'odeur et l'amertume éventuelle du chou-fleur. Cuire 20 minutes à feu moyen en cuisson classique ou seulement 4 minutes en autocuiseur. Entre temps, préparer une béchamel de la manière suivante: réaliser un roux blond avec le beurre et la farine, y incorporer le lait chaud et réduire à feu doux quelques minutes, afin d'obtenir une consistance lisse et crémeuse sans grumeau, rendue parfaite par un passage au tamis très fin ou à l'étamine.

Disposer les bouquets de chou-fleur dans un plat à gratin au préalable beurré. Les napper avec la béchamel. Saupoudrer du gruyère râpé et d'un jaune d'œuf dur également râpé. Faire gratiner au four (thermostat 7) 15 minutes environ jusqu'à obtention d'une couleur dorée.

CHOU ROUGE À LA LILLOISE

1 gros chou rouge bien serré (d'environ 800g)
1 livre de pommes assez acides
1 gros oignon blond émincé
20g de beurre
1 petit bouquet garni (thym, laurier)
2 râpures de noix de muscade
1 cuillère à dessert de sucre roux
20 cl de vin rouge de Bordeaux (médoc)
1 cuillère à soupe de bon vinaigre de vin
sel, poivre

Oter les feuilles externes du chou pour ne garder que la pomme serrée du chou. Le laver, l'essuyer et le découper en fines lanières. Eplucher, épépiner et couper en morceaux les pommes.

Dans un poêlon en fonte, faire revenir 5 minutes dans le beurre les lanières de chou, puis 5 minutes encore en ajoutant les petits morceaux de pommes, l'oignon émincé, le bouquet garni, le sel et le poivre. Mouiller avec 20 cl de vin rouge et la cuillère à soupe de vinaigre. Ajouter les râpures de noix de muscade. Porter à ébullition sur feu vif. Fermer le poêlon et laisser mijoter 2 heures et demie. Saupoudrer de sucre. Mélanger et mettre à four moyen 20 minutes.

ÉPINARDS AU BEURRE

3 livres d'épinards
un petit oignon (blanc de préférence)
une petite poignée de gros sel de mer
poivre
une petite branche de thym
125g de beurre

Oter les queues et les feuilles noircies de vos épinards, les laver bien soigneusement et les plonger dans une marmite d'eau bouillante dans laquelle vous aurez au préalable jeté une poignée de gros sel, du poivre, une petite branche de thym et le petit oignon blanc. Laisser cuire un quart d'heure (ou quatre minutes si vous utilisez un autocuiseur). Egoutter vos épinards et les servir sur un plat avec le beurre réparti en plusieurs morceaux accompagnés selon goût de croûtons frits au beurre et d'œufs mollets.

ÉPINARDS À LA CRÈME

3 livres d'épinards
un petit oignon blanc de préférence
une poignée de gros sel de mer
poivre
une petite branche de thym
15 cl de crème fraîche
un citron
sel, poivre
6 tranches de pain de mie
100g de beurre demi-sel

Cuisson des épinards: cf. épinards au beurre. Mélanger votre crème avec le jus d'un citron, du sel et du poivre et l'incorporer aux épinads égouttés. Servir avec des croûtons frits au beurre

ENDIVES BRAISÉES

1,500 kg d'endives
3 oignons
une gousse d'ail
40g de beurre
5 cl d'huile d'arachide
sel, poivre
éventuellement le jus d'un demi-citron

Avec un couteau pointu, creuser l'intérieur du pied de l'endive souvent amer. Enlever les feuilles et les parties flétries. Laver à grande eau les endives rapidement car l'eau augmente considérablement l'amertume de ce légume. Faire chauffer dans une cocotte en fonte ou en autocuiseur le mélange beurre-huile. Y placer les endives, si possible l'une contre l'autre et les laisser dorer légèrement. Ajouter la gousse d'ail, les oignons coupés en lamelles, éventuellement le jus d'un demi-citron. Saler, poivrer. Couvrir et laisser cuire à feu doux 45 minutes en cocotte normale ou 20 minutes en autocuiseur.

CŒURS DE CÉLERI AU JUS

3 beaux cœurs de céleri
150g de viande hachée
une tomate pelée et épépinée
une gousse d'ail hachée
2 gros oignons blancs hachés
une pincée de thym effeuillé
une pincée de sucre en poudre
5 cl d'eau
un bouquet garni (thym, laurier)
30g de beurre
une cuillère à soupe d'huile d'arachide
sel, poivre

Dans une grande casserole d'eau salée, cuire les cœurs de céleri 20 minutes.

Entre temps, faire revenir dans une petite casserole en acier, dans un mélange de beurre et d'huile les oignons, l'ail, la viande hachée et la tomate. Saler, poivrer, saupoudrer de thym effeuillé et de sucre en poudre. Lorsque le tout bouillonne vivement, mouiller d'un petit verre d'eau. Ajouter le bouquet garni (thym, laurier) et laisser mijoter jusqu'à la fin de cuisson des céleris.

Egoutter les céleris, les disposer sur un plat de service. Passer au chinois le contenu de la petite casserole sur les céleris.

DÉLICES DE HOERDT (ASPERGES À L'ALSACIENNE)

1 kg d'asperges à têtes encore blanches
150 g de beurre
jus d'un demi-citron
une pincée de thym effeuillé
5 cl de vinaigre au miel
10 cl d'huile d'arachide
5 litres d'eau salée à 10 g par litre
poivre, sel
une petite échalote grise

Préparation des asperges:

Peler soigneusement les asperges. Ne pas omettre de trancher l'extrémité racine à 3 cm de l'incision de récolte. Les mettre à cuire 20 minutes dans l'eau frémissante, salée et poivrée, par bottillons de 10 asperges ficelées ensemble (pour faciliter la présentation ultérieure sur le plat).

Dès que vos asperges sont cuites, prendre chaque bottillon et disposer les asperges le constituant, sur le plat de service, garni d'un torchon, par lits successifs (cf. photo). Laisser tiédir. Entre temps, préparer les sauces de la manière suivante:

Mousseline au beurre à l'alsacienne:

Faire fondre à feu doux 150 g de beurre jusqu'à obtention à la surface d'une écume blanche. Incor-

Délices de Hoerdt (asperges à l'alsacienne)

porer alors le jus d'un demi-citron, la pincée de thym effeuillé, 3 pincées de sel fin et 2 tours de moulin à poivre. Fouetter vivement et servir mousseux.

Vinaigrette:

Verser dans un bol de service 10 cl d'huile et, soit 5 cl de vinaigre au miel (alsacien), soit 3 cl de vinaigre de vin ordinaire. Ajouter 3 pincées de sel, 2 tours de moulin à poivre et l'échalote pilée. Fouetter vigoureusement.

Servir immédiatement, vos asperges étant tièdes.

CREPIAU MORVANDIAU

1,200 kg de belles pommes de terre
huile
beurre
sel, poivre

Râper finement vos pommes de terre épluchées. Mettre à chauffer dans un poêlon, un mélange égal d'huile et de beurre, le fond de la poêle devant être entièrement recouvert de ce mélange. Etaler les râpures de pommes de terre dans la poêle avec le dos d'une cuillère ou d'une spatule plate jusqu'à obtention d'une crêpe d'un demi-centimètre d'épaisseur. Saler, poivrer. Laisser frire et retourner dès que la face inférieure est bien dorée (sans toutefois être noircie) afin de frire également l'autre côté.

Variante: On peut incorporer du jambon de Paris en menus morceaux, un œuf, des herbes de Provence, des filets de poulet hachés ou un reste de viande.

GRATIN DAUPHINOIS

1 kg de pommes de terre
500 g de fromage blanc (60% de matière grasse)
un gros oignon découpé en fines lamelles
une gousse d'ail
un verre de vin blanc sec
2 râpures de muscade
thym effeuillé
sel, poivre
selon goût une tranche de lard fumé coupée en tout petits dés

Eplucher, laver et sécher les pommes de terre et les découper en fines rondelles. Frotter un plat allant au four avec de l'ail. Beurrer ce plat. Y disposer en premier, les oignons en fines lamelles; puis une couche de pommes de terre; saler, poivrer, saupoudrer légèrement de thym effeuillé; recouvrir d'une couche de fromage blanc; ajouter éventuellement quelques petits lardons. Répéter l'opération (c'est-à-dire disposer à nouveau une couche d'oignon, une couche de pommes de terre, une couche de fromage blanc, sel, poivre, thym effeuillé éventuellement petits lardons). Mouiller avec le vin blanc après avoir disposé la dernière couche de pommes de terre. Ajouter encore quelques oignons, saler, poivrer. Disposer en dernier le fromage blanc sur le dessus, saler et poivrer à nouveau; mettre à four moyen (thermostat 6) pendant une heure.

POMMES DE TERRE À LA LYONNAISE

1 kg de pommes de terre épluchées détaillées en rondelles épaisses
3 oignons découpés en lamelles assez épaisses
100 g de beurre
2 cuillères à soupe d'huile d'arachide
une petite branche de persil hachée menu
thym effeuillé
une tranche de lard fumé coupée en tout petits dés
5 cl de crème fraîche
une petite gousse d'ail hachée
une petite feuille de laurier
5 grains de poivre
sel, poivre
un verre et demi de vin blanc sec
une cuillère à soupe rase de moutarde forte

Dans un caquelon avec couvercle pouvant aller au four, faire revenir 10 minutes dans le mélange de beurre et d'huile, les pommes de terre, puis les oignons. Saler, poivrer. Ajouter les lardons et la crème fraîche. Chauffer quelques instants, puis mouiller avec le vin blanc dans lequel vous aurez fait dissoudre une cuillère à soupe rase de moutarde forte. Incorporer l'ail et le persil hachés, la feuille de laurier et le thym effeuillé. Fermer et cuire à four moyen 30 minutes en tournant délicatement deux fois. Piquer vos pommes de terre pour contrôler leur cuisson qui peut varier d'une espèce à l'autre.

POIS AU LARD

1 kg de petits pois bien renflés ou 3 livres de pois nouveaux
une belle carotte découpée en rondelles
une demi-botte d'oignons blancs
une tranche de lard de poitrine fumée d'un centimètre d'épaisseur
un bouquet garni (thym, laurier)
50 g de beurre
une cuillère à soupe d'huile d'arachide
3 belles feuilles de salade
un morceau de sucre si les pois sont insuffisamment sucrés (pois primeurs ou foncés)
sel, poivre

Faire revenir en cocotte dans un mélange beurre huile d'arachide dans l'ordre: les lardons, les rondelles de carottes et les oignons blancs jusqu'à ce que ces derniers commencent à suer. Ajouter alors les petits pois, puis tourner ensemble à feu vif jusqu'à ce que la couleur des pois devienne d'un vert foncé profond. Saler (une poignée de gros sel de mer), poivrer selon goût, incorporer le bouquet garni, les feuilles de salade et éventuellement le morceau de sucre. Mouiller avec deux grands verres d'eau (40 cl), couvrir et laisser mijoter à feu doux 20 à 25 minutes selon la grosseur des pois en cocotte classique (fonte émaillée) ou 10 à 12 minutes en autocuiseur. Ouvrir la cocotte et faire évaporer à feu doux quelques minutes si besoin l'excédent d'eau. Servir en accompagnement de rôti de veau, de canard ou de pigeon.

HARICOTS VERTS AU BEURRE

1 kg d'haricots verts fins et sans fil
1 oignon blanc
une petite tomate ferme
un bouquet garni (une branche de

thym, une petite feuille de laurier)
une branche de persil hachée
100 g de beurre
sel, poivre

Eplucher vos haricots verts de la manière suivante: pincer chaque extrémité afin d'enlever la tige et la pointe, casser chaque haricot en son milieu de manière à repérer tout fil indésirable. Bien laver les haricots à l'eau chaude et les mettre à cuire dans une casserole d'eau bouillante salée et poivrée additionnée de l'oignon, de la tomate et du bouquet garni pendant 25 minutes (ou 10 minutes s'il s'agit d'un autocuiseur). Éviter une cuisson excessive qui ramollirait par trop vos légumes). Oter le bouquet garni, la tomate et l'oignon puis égoutter rapidement vos haricots verts juste avant de servir parsemés de noisettes de beurre et de persil haché.

HARICOTS BLANCS À LA PROVENÇALE

1,500 kg de haricots blancs (michelets longs ou cocos ronds)
6 oignons blancs
une gousse d'ail
une tranche de lard fumé coupée en petits dés
2 belles tomates bien mûres pelées et épépinées
4 grains de poivre noir
un clou de girofle
un bouquet garni (thym, laurier, persil)
10 cl d'huile d'olive
un demi-verre de vin blanc sec
une pointe de piment de cayenne
2 râpures de noix de muscade
un morceau de sucre
sel, poivre

Dans une cocotte en fonte, faire revenir dans l'huile les oignons, les petits lardons et la gousse d'ail. Lorsque ceux-ci commencent à dorer, ajouter les haricots, les grains de poivre, 3 tours de moulin à poivre, le sel. Laisser dorer encore quelques instants. Incorporer les tomates, le bouquet garni, les clous de girofle, la pointe de piment de cayenne et les râpures de muscade. Mouiller d'eau chaude jusqu'à recouvrir d'un centimètre la surface des haricots. Ajouter un demi-verre à moutarde de vin blanc sec et un morceau de sucre. Laisser cuire 25 minutes à couvert en cocotte classique et 8 à 10 minutes en autocuiseur. Ces haricots accompagnent parfaitement des côtelettes ou selle d'agneau dont vous aurez déglacé la poêle et ajouté le jus aux haricots.

TOMATES FARCIES

7 belles tomates de Marmande
400 g de chair de saucisse (porc et veau)
3 belles gousses d'ail
un gros oignon blanc
3 branches de persil hachées
200 g de pain ramolli dans du lait
chair des tomates évidées
100 g de chapelure
sel, poivre

Evider 6 tomates pour réaliser l'espace où vous placerez la farce composée de chair à saucisse additionnée des épices et ingrédients ci-avant indiqués. Farcir les tomates. Badigeonner l'extérieur et le dessus de la chair d'huile d'olive. Tailler dans la tomate non évidée un couvercle pour les six autres tomates; placer au four 30 minutes à feu moyen (thermostat 6 à 7). Servir avec du riz créole.

RATATOUILLE PROVENÇALE

une livre de courgettes (petites et tendres) semi-épluchées dans le sens de la longueur
une belle aubergine (350-400 g)
un poivron vert (200 g)
un poivron rouge (200 g)
un bel oignon doux émincé grossièrement (rouge du midi ou rose de Corse)
3 grosses gousses d'ail rouge du Tarn
750 g de belles tomates dont 300 g de tomates bien mûres et 450 g de tomates très fermes légèrement vertes
éventuellement 150 g de lard fumé coupé en petits dés
un bouquet garni (thym, laurier, romarin, sauge)
éventuellement une branche de fenouil vert
2 branches de persil
15 cl d'huile d'olive
un petit verre de vin rosé (côte de Provence, tavel ou vin corse)
sel, poivre

Dans une poêle creuse ou une cocotte en fonte, faire revenir dans l'huile les oignons jusqu'à ce qu'ils soient transparents. Ajouter les lardons, les poivrons (en grosses lanières), les courgettes semi-épluchées et coupées en rondelles, l'aubergine totalement épluchée et également en rondelles. Lorsque le tout commence à peine à dorer, incorporer les tomates épépinées, coupées en huit, faire rissoler quelques instants, puis ajouter les tomates mûres non épépinées, le verre de vin rosé, les gousses d'ail réduites en purée, le persil haché et le bouquet garni. Saler, poivrer selon goût, couvrir et laisser mijoter à feu doux 20 minutes.

Variante: Si vous cassez des œufs sans remuer dans la ratatouille fumante, vous aurez en prolongeant la cuisson de 3 minutes, un plat dénommé **Piperade.**

TOMATES PROVENÇALES

6 grosses tomates pas trop mûres
une tête d'ail (rouge du Tarn de préférence)
1 bouquet de persil
herbes de Provence (thym, romarin, etc...)
sel, poivre
1 demi-verre à moutarde d'huile d'olive

Oter la partie ligneuse du côté tige des tomates et les évider légèrement de ce même côté. Dans une cocotte en fonte, faire chauffer modérément l'huile d'olive, entre temps saler et poivrer vos tomates dans leur partie évidée. Lorsque l'huile est bien chaude sans toutefois fumer, placer dans la cocotte avec précaution pour éviter toutes éclaboussures, vos tomates sur leur partie intacte. Laisser cuire 4 minutes à feu doux. Pendant la cuisson, préparer le hachis d'herbes de Provence, de persil et d'ail avec un hachoir à main pour que la finesse de l'ensemble ne soit pas excessive et le réserver en attendant son utilisation. Les tomates ayant cuit le temps voulu

Haricots blancs à la provençale

sur leur face intérieure, les retourner et les laisser cuire de nouveau 3 minutes sur le côté tige, le temps étant écoulé retourner à nouveaux vos tomates pour que vous puissiez garnir la face évidée de votre hachis et épices (sel, poivre et éventuellement un soupçon de paprika). Une fois garnie, mouiller chaque tomate de quelques gouttes d'huile d'olive. Couvrir la cocotte et rissoler à feu doux 20 minutes. Servir en accompagnement de côtelettes ou brochettes d'agneau.

Bourdelots

DESSERTS

BOURDELOTS

Préparation de la pâte (pâte feuilletée):
350 g de farine
eau
3 pincées de sel fin
beurre (le poids du beurre sera déterminé par le poids de la pâte lorsque celle-ci aura atteint une consistance appropriée)

Mettre la farine dans une terrine.

Creuser en son centre une fontaine.

Saler, puis délayer en versant l'eau par petites quantités jusqu'à obtention d'une pâte lisse et souple. Votre pâte primaire est ainsi obtenue.

Fariner votre marbre (ou planche à pâtisserie) et y laisser reposer la boule de pâte (ou détrempe) un quart d'heure.

Ensuite travailler cette pâte avec les paumes des mains pendant cinq minutes puis reformer une boule.

La peser et la laisser reposer trente minutes.

Entre temps, peser un poids de beurre (à température ambiante) égal à la moitié de celui de la détrempe et le débiter en fines lamelles.

Etaler ensuite votre détrempe au rouleau d'un mouvement régulier et toujours dans le même sens jusqu'à obtention d'une abaisse (pâte étalée) d'un centimètre d'épaisseur.

Appliquer des lamelles de beurre sur les deux tiers de la surface de l'abaisse sans tenter de les incorporer à la pâte (1).

Plier la partie non recouverte de beurre sur la moitié de la partie beurrée (2).

Replier la troisième partie sur les deux premières (en portefeuille) (3).

Faire pivoter la pâte d'un quart de tour à droite (4) sans la retourner et l'étirer en deux ou trois coups de rouleau très légers (c'est ce qui s'appelle donner un premier tour).

Placer au frais pendant vingt minutes.

Sortir la pâte, la travailler à nouveau au rouleau lentement, très légèrement et toujours dans le même sens jusqu'à obtention d'une bande d'un centimètre d'épaisseur. Recommencer un tour (1.2.3.4) étirer au rouleau deux fois légèrement puis replacer au frais.

Répéter jusqu'à six fois la même opération.

Votre pâte feuilletée est prête (il est conseillé de préparer cette pâte la veille et de la laisser reposer au frais dans un papier sulfurisé pendant la nuit).

Préparation des bourdelots:
7 belles pommes rustiques
6 cuillerées à café de sucre roux
6 noisettes de beurre
6 cuillerées à café de gelée de groseille
6 pincées de noix râpées
125 g de crème fraîche
2 jaunes d'œufs battus avec une cuillère à café de sucre

Peler et épépiner les pommes entières, obstruer l'orifice (côté tige) avec un petit bouchon découpé dans la septième pomme prévue à cet effet.

Evaser légèrement en forme de cône le côté fleur de chaque pomme et y introduire une cuillère à café de sucre roux, une noisette de beurre et une cuillère à café de gelée de groseille.

Vos pommes sont prêtes.

Etaler votre pâte feuilletée afin d'obtenir une abaisse d'un demi-centimètre d'épaisseur.

Découper dans cette pâte des cercles dont le diamètre doit être égal à trois fois la hauteur de la pomme. Recouvrir chaque pomme de cette pâte, souder à la base en mouillant et pratiquer à la partie supérieure une cheminée (ouverture destinée à laisser s'échapper la vapeur pendant la cuisson).

Dessiner à la pointe du couteau les motifs souhaités.

Dorer à l'œuf et cuire à four moyen de 35 à 40 minutes.

Servir avec une jatte de crème fraîche fouettée.

CRÊPES FLAMBÉES AUX POMMES
(Région d'Ecouché)

250 g de farine
1,500 kg de pommes rustiques
150 g de beurre
3 œufs
1/2 l de cidre brut
10 cl de calvados
5 g de levure de boulanger
1 cuillère à café d'extrait de vanille naturelle
sel
sucre roux
25 cl de crème fraîche

Préparation de la pâte:

Verser la farine dans une jatte profonde. Former un puits et y casser les œufs.

Touiller avec une spatule en bois et délayer petit à petit avec le cidre jusqu'à obtention d'une pâte lisse et légère.

Saler (1 cuillère à café de gros sel).

Incorporer la levure et une cuillère à soupe de crème fraîche.

Bien mélanger le tout au fouet et laisser reposer deux heures.

Préparation des pommes:

Peler vos pommes et les couper en tranches fines.

Dans une poêle émaillée, faire fondre 125 g de beurre et y faire revenir les pommes jusqu'à obtention d'une compote bien moelleuse.

Ajouter la vanille et sucrer selon goût.

Cuisson des crêpes:

Dans une poêle bien chaude, faire fondre une noisette de beurre.

Prendre une louche de pâte et bien répartir celle-ci dans le fond de la poêle sans épaisseur excessive (1 à 2 mm).

Sur la crêpe en train de cuire, faire fondre et répartir une

Crêpes flambées aux pommes

deuxième noisette de beurre.

Lorsque la crêpe glisse facilement au fond de la poêle, la retourner avec une spatule métallique souple ou un couteau à bière en bois (à moins que vous ne tentiez le grand saut).

Lorsque la deuxième face est à point (vérifier en soulevant les bords), faire glisser la crêpe sur une assiette plate et garnir le centre d'un cigare de compote de pommes. Rouler la crêpe et la garder au chaud dans un plat de service creux en terre réfractaire.

Répéter la même opération jusqu'à ce que vous ayez préparé six belles crêpes fourrées et les saupoudrer de sucre roux.

Dans une louche, réchauffer le calvados puis le verser sur les crêpes.

Flamber à table et accompagner d'une jatte de crème fraîche fouettée.

CRÊPES DE FROMENT

Pour une vingtaine de crêpes:
30 g de farine de blé noir
350 g de farine de froment
100 g de beurre demi-sel fondu
110 g de sucre en poudre
3 œufs (gros)
1 pichet d'eau
1/2 litre de lait
1 petit verre de rhum (5 cl)

Mettre les farines dans une grande jatte. Ménager en leur centre une fontaine. Y placer les œufs entiers battus et le sucre. Commencer à travailler la pâte avec un peu d'eau, puis ajouter petit à petit le lait jusqu'à l'obtention d'une pâte lisse. Incorporer le beurre fondu et le rhum. Rectifier éventuellement la consistance de la pâte avec un peu d'eau pour obtenir une fluidité permettant une répartition aisée dans le fond de la poêle, sans toutefois provoquer par excès d'eau une ébullition et la désagrégation de la pâte. Il est préférable de laisser reposer le mélange quelques heures avant utilisation. Dans une poêle à fond épais (ou mieux encore une bilig ou galettoire) dans laquelle vous avez fait fondre à feu vif une noisette de beurre, verser la quantité de pâte nécessaire (utiliser de préférence une louche graduée pour déterminer exactement la quantité de pâte correspondant à la surface du fond de votre poêle). Cuire deux minutes à feu vif. Retourner, beurrer, puis cuire encore une minute. Servir avec sucre, confiture, etc.

BÛCHE DE NOEL (AU CAFÉ OU AU CHOCOLAT)

Préparation du biscuit de Savoie:
3 œufs
75 g de sucre
75 g de farine tamisée
une pincée de sel
une cuillère à café d'extrait de vanille liquide naturelle

Dans une terrine, mélanger lentement les jaunes d'œufs, le sucre et l'extrait de vanille jusqu'à ce que le tout devienne mousseux. Incorporer en tournant vivement la farine tamisée en pluie. Monter les blancs en neige très ferme avec la pincée de sel. Les mêler délicatement à la pâte en soulevant (sans tourner). Garnir un moule rectangulaire (de 20 × 25 cm environ) de papier d'aluminium. Le beurrer largement et fariner. Verser la pâte dans ce moule et mettre au four (préalablement chauffé 15 minutes à l'avance thermostat 5) 15 minutes. Lorsque le biscuit est légèrement doré, le démouler immédiatement sur un torchon humide et saupoudré de sucre en poudre. Oter délicatement le papier d'aluminium. Rouler mollement le gâteau dans le torchon et laisser refroidir.

Préparation de la crème au beurre (moka):
200 g de beurre
200 g de sucre
2 jaunes d'œufs
2 cuillères à soupe d'extrait de café
1 cuillère à café de vanille naturelle

Malaxer à la fourchette le beurre frais jusqu'à consistance crémeuse. Incorporer le sucre en poudre et les jaunes d'œufs. Lorsque la pâte est bien homogène ajouter l'extrait de café et la cuillère de vanille naturelle. Tourner vivement jusqu'à obtention d'une pâte lisse. Ne pas s'inquiéter des grumeaux que forme éventuellement l'extrait de café au premier moment.

Préparation de la bûche:

Lorsque le support en pâte de Savoie est refroidi, le dérouler et en badigeonner la face supérieure de crème au beurre moka. Le rouler à nouveau. Disposer sur le plat de service en coupant en biais les extrémités. Répartir au pinceau le reste de la crème sur la bûche ainsi formée. Placer au réfrigérateur quelques instants, avant de dessiner avec une fourchette les irrégularités d'une écorce. Les petits morceaux de pâte prélevés lors de la coupe des extrémités pourront servir à former les apparences de nœuds de bois. On peut éventuellement remplacer l'extrait de café par 40 g de cacao noir pulvérisé.

CLAFOUTIS AUX CERISES

3 œufs
100 g de sucre
125 g de farine
1/2 litre de lait (à température ambiante)
80 g de beurre
500 g de cerises à chair ferme dénoyautées
sel (une bonne pincée)

Mélanger dans l'ordre, les œufs entiers, le sucre et la farine jusqu'à obtention d'une pâte homogène. Ajouter peu à peu le lait. Saler. Beurrer soigneusement un plat à rôtir (plat en terre de préférence), y verser la pâte. Répartir les cerises préalablement lavées, dénoyautées et séchées dans le plat. Faire cuire une demi-heure à four bien chaud (le four devant être préchauffé pendant un quart d'heure au moins).

Crêpes de froment

Far

FAR (recette d'Anna Jézéquel)

3 œufs
100 g de sucre
125 g de farine
1/2 litre de lait (à température ambiante)
80 g de beurre
sel, une bonne pincée

Mélanger dans l'ordre, les œufs entiers, le sucre et la farine jusqu'à l'obtention d'une pâte homogène. Ajouter peu à peu le lait. Beurrer soigneusement un plat à rôtir (plat en terre de préférence), y verser la pâte et mettre une demi-heure à four bien chaud (pour réussir votre far, préchauffer le four pendant au moins un quart d'heure).

Incorporer éventuellement avant cuisson des pruneaux, abricots secs ou raisins secs (préalablement trempés).

GÂTEAU AU CHOCOLAT

200 g de chocolat noir
3 cuillères à soupe de farine
3 cuillères à soupe de sucre
125 g de beurre
5 œufs
éventuellement quelques amandes ou noisettes

Mettre dans une casserole à fond épais le chocolat coupé en morceaux avec un filet d'eau.

Faire fondre à feu doux en tournant avec une cuillère en bois jusqu'à obtention d'une pâte lisse et épaisse. Ajouter la farine, le sucre et le beurre que l'on aura fait ramollir au préalable dans le moule de cuisson du gâteau. Tourner cette pâte à feu doux jusqu'à ébullition. Oter la casserole du feu. Laisser tiédir, incorporer les 5 jaunes d'œufs. Battre les blancs en neige très ferme et les mêler délicatement à la pâte. Verser la pâte ainsi obtenue dans un moule beurré et laisser cuire 25 à 30 minutes à four chaud (thermostat 6 le four ayant été allumé 10 minutes à l'avance). Après avoir démoulé votre gâteau vous pouvez éventuellement le décorer avec des amandes ou des noisettes entières.

GÂTEAU AUX NOIX

Pâte:
225 g de farine
100 g de beurre ramolli
50 g de sucre semoule
1 jaune d'œuf
1 pincée de sel

Garniture:
125 g de noix hachées menu lorsqu'elles sont fraîches, en poudre lorsqu'elles sont sèches
25 cl de crème fraîche
1/2 cuillère à café d'extrait de vanille naturelle
100 g de sucre semoule
1 blanc d'œuf monté en neige
1 pincée de sel

Présentation:
5 cl d'armagnac
100 g de sucre glace
10 cerneaux de noix

Préparation de la pâte:

Mêler rapidement du bout des doigts, la farine, le beurre ramolli et le sucre semoule additionné du jaune d'œuf et d'une pincée de sel jusqu'à obtention d'une pâte d'apparence sablée. Réunir en boule et garder au frais au moins une heure. Ce délai écoulé, étaler la pâte en une abaisse de 5 mm d'épaisseur et en garnir un moule à tarte de taille correspondante (24 cm de diamètre environ). Faire durcir à feu doux avant garniture sans toutefois dorer.

Préparation de la garniture:

Mélanger les noix hachées (ou pulvérisées), la crème fraîche, l'extrait de vanille, le sucre semoule, le blanc d'œuf monté en neige et ajouter une pincée de sel. Garnir le

Gâteau aux noix

Gâteau breton

fond de la tarte avec cette préparation, laisser cuire 35 minutes à four moyen (6 ou 7 du thermostat).

Présentation:

Pendant la cuisson de votre gâteau, délayer dans un bol, le sucre glace avec l'armagnac. Lorsque celle-ci est terminée, démouler et badigeonner soigneusement au pinceau la surface de votre gâteau avec la pommade de sucre glace obtenue. Garnir régulièrement avec les cerneaux de noix et laisser prendre au frais.

GÂTEAU BRETON

150 g de beurre demi-sel fondu
150 g de sucre en poudre
150 g de farine
4 œufs (séparer jaunes et blancs)
1 cuillère à café de fleur d'oranger
10 g de levure de boulanger délayée dans 10 cl de lait

Mélanger intimement dans une terrine le beurre, le sucre puis la farine et les jaunes d'œufs. Ajouter la levure et la cuillère à café de fleur d'oranger. Laisser reposer une heure environ à couvert. Beurrer un moule rond (bords de 5 cm de hauteur et fond de 20 cm de diamètre). Battre vos blancs en neige ferme, les incorporer doucement à la pâte. Verser celle-ci dans le moule et cuire 40 minutes à four moyen sans couvrir.

KUGELHOPF

500 g de farine tamisée
10 g de sel fin
80 g de sucre en poudre (roux de préférence)
250 g de beurre
3 œufs entiers
20 cl de lait tiède
20 grosses amandes émondées
100 g de raisins secs (Corinthe)
10 cl de kirsch
20 g de levure de bière

Préparation du levain:

Dans une petite terrine, délayer la levure avec un peu de lait tiède. Ajouter petit à petit un peu de farine jusqu'à obtention d'une pâte légère. Recouvrir le tout d'un torchon et placer à proximité d'un calorifère.

Préparation de la pâte:

Mettre à tremper les raisins secs dans un mélange égal de kirsch et d'eau. Dans une terrine, disposer en fontaine, la farine, le sel, et le sucre. Placer en son centre les œufs et le reste de lait. Battre vivement à la main ce mélange pendant 1/4 d'heure en aérant le plus possible (soulever la pâte de nombreuses fois et la frapper contre les parois de la terrine en ayant soin à chaque fois d'y emprisonner de l'air). Couper le beurre en menus morceaux et le malaxer à la main pour qu'il prenne une consistance crémeuse. Incorporer celui-ci à la pâte et la travailler jusqu'à ce qu'elle devienne lisse et peu collante. C'est maintenant que vous devez ajouter le levain qui devra avoir au moins doublé de volume. Travailler encore quelques instants, puis rassembler soigneusement la pâte au fond de la terrine. Couvrir avec un torchon légèrement fariné et laisser lever une heure dans un endroit tiède.

La pâte ayant levé, la travailler par petites touches pour lui faire reprendre son volume initial. Egoutter et sécher soigneusement les raisins secs en les y incorporant. Prendre un moule à kugelhopf (en terre de préférence). Beurrer abondamment celui-ci et garnir régulièrement le fond avec les amandes lavées et séchées au préalable. Verser la pâte dans le moule. Laisser lever à nouveau jusqu'à ce que celle-ci en dépasse légèrement le bord. Cuire à four

Kugelhopf

moyen (thermostat 6) environ 45 minutes. (Couvrir d'un papier d'aluminium si le dessus venait à dorer trop rapidement). Démouler et selon le goût saupoudrer de sucre glace.

GÂTEAU DE SAVOIE

3 œufs
75 g de sucre
75 g de farine tamisée
une pincée de sel
une cuillère à café d'extrait de vanille naturelle

Dans une terrine, mélanger intimement les jaunes d'œufs, le sucre et l'extrait de vanille jusqu'à ce que le tout devienne mousseux. Incorporer la farine tamisée en pluie en tournant vivement. Monter les blancs en neige très ferme avec la pincée de sel. Les mêler délicatement à la pâte en soulevant avec une spatule en bois (sans tourner). Verser cette pâte dans un moule de Savoie beurré et fariné et mettre au four (préalablement chauffé 15 minutes à l'avance à thermostat 6) 25 minutes. Vérifier la cuisson avec la lame d'un couteau qui doit ressortir propre. Démouler tout de suite.

KUIGN-AMAN
(Douarnenez)

500 g de farine
250 g de beurre demi-sel (à température ambiante)
200 g de sucre en poudre
10 g de levure de boulanger
1 pincée de sel
1 jaune d'œuf
eau

Dans une terrine, mélanger la farine avec le sel et la levure, malaxer avec un peu d'eau jusqu'à l'obtention d'une pâte à pain très souple. La déposer sur une planche à pâtisserie préalablement farinée et la laisser lever sous un torchon pendant 30 minutes.

Gâteau de Savoie

Kuign-aman ▸

Pastis

Ensuite avec la paume de la main, étaler cette pâte de manière à obtenir une sorte de grande crêpe épaisse (de 30 cm de diamètre environ). Sur cette crêpe étaler 125 g de beurre, en évitant soigneusement d'aller jusqu'au bord extérieur. Recouvrir copieusement la partie beurrée de 70 g de sucre en poudre. Plier votre crêpe en quatre en veillant à bien souder le bord arrondi du triangle ainsi formé. Laisser reposer 10 minutes au frais. Aplatir une deuxième fois délicatement la pâte, recommencer l'opération précédente avec le reste du beurre et 70 g de sucre. Replier une fois encore votre crêpe en quatre et la laisser reposer 10 minutes. Aplatir définitivement pour former une circonférence de 25 à 30 cm de diamètre environ et de 1 à 2 cm d'épaisseur.

Dorer à l'œuf et saupoudrer abondamment avec le reste de sucre en poudre.

Faire cuire à four très chaud pendant 30 minutes.

Dans le cas où vous auriez mal réparti votre beurre, et que celui-ci viendrait à couler, le récupérer avec une petite cuillère et en arroser le gâteau jusqu'à cuisson complète.

PASTIS

500 g de farine
2 pincées de sel
1 grand verre rempli d'eau jusqu'à un centimètre du bord, la différence étant comblée par de l'huile de noix
125 g de beurre
1/2 verre d'eau de vie d'armagnac
1 pomme rustique coupée en fines lamelles
1 œuf entier
200 g de sucre en poudre

Dans une terrine verser la farine en fontaine et dans le puit ainsi formé, ajouter l'œuf entier, le sel et le mélange eau et huile. Du bout des doigts en tapotant et en prenant un peu de farine, mélanger les ingrédients en ayant soin de ne pas faire de grumeaux. Ajouter peu à peu la farine jusqu'à obtention d'une pâte molle qui n'attache plus aux parois de la terrine.

La consistance de la pâte doit être à la limite du « collant » sans toutefois adhérer aux doigts. Dans l'hypothèse où la pâte viendrait à coller aux doigts, la saupoudrer très légèrement de farine tamisée. Travailler ensuite le pâton longuement sur la planche en le pétrissant vivement soit des poings fermés, soit de la paume des mains, soit en le battant avec le rouleau à pâtisserie ou enfin en le projetant avec force sur la planche. Ramasser le pâton en boule en le roulant sur la planche, puis l'étirer doucement sur le poing fermé. Quand la pâte est à point elle doit être parfaitement lisse et ne doit ni se fendiller, ni se craqueler à l'étirage. La huiler soigneusement pour éviter tout dessèchement et la laisser reposer quelques heures au frais (la pâte peut être préparée la veille pour le lendemain).

Etirage de la pâte:

Disposer sur la table un grand linge blanc légèrement fariné. Si vous êtes seul, partager la pâte en trois morceaux égaux que vous étirerez séparément. Il est plus facile et surtout plus rapide d'étirer celle-ci à deux, chacun se plaçant d'un côté de la table. Poser la pâte sur le linge et donner lui la forme d'une baguette de pain, puis étirer-la du bout des doigts, en ayant soin de partir de son centre. Eviter de la percer avec les ongles. Tenir toujours les mains à plat sur la table en soulevant légèrement la pâte. Essayer d'obtenir un grand rectangle de pâte très fine. Laisser sécher dix minutes. Enduire au pinceau avec du beurre fondu puis saupoudrer largement de sucre et parfumer d'eau de vie d'armagnac. Beurrer un moule rond. Découper l'abaisse de pâte en six cercles (plus grands que le moule). Poser dans le moule trois abaisses de pâte, garnir de lamelles de pommes, saupoudrer à nouveau de sucre et de quelques gouttes d'eau de vie d'armagnac. Recouvrir des trois abaisses restantes. Badigeonner la surface avec du beurre fondu, sucrer modérément. Récupérer et couper en fins rubans les chutes de pâte et disposer-les en les frisant sur le dessus de votre gâteau. Arroser d'armagnac et saupoudrer de sucre. Beurrer à la plume ou au pinceau. Enfourner et laisser cuire trente minutes à four moyen (thermostat 6 à 7).

MOUSSE AU CHOCOLAT

200 g de chocolat noir
4 œufs
3 cuillères à soupe de sucre
75 g de beurre
une cuillère à café d'extrait de vanille naturelle
éventuellement quelques amandes ou noisettes hachées

Mettre le chocolat coupé en morceaux dans une casserole avec un filet d'eau et le faire ramollir à feu doux. Oter la casserole du feu et ajouter le sucre, les jaunes d'œufs et la cuillère à café d'extrait de vanille en tournant avec une cuillère en bois jusqu'à obtention d'un mélange lisse. Incorporer le beurre. Battre les blancs en neige et les mêler délicatement à la crème au chocolat. Verser le tout dans des petits ramequins après y avoir éventuellement joint les amandes ou noisettes hachées. Laisser reposer au frais au moins quatre heures avant de servir.

POMPES AUX POMMES DU PÉRIGORD

Préparation de la pâte:
350 g de farine
eau
3 pincées de sel fin
beurre (le poids du beurre sera déterminé par le poids de la pâte lorsque celle-ci aura atteint une consistance appropriée)

Mettre la farine dans une terrine. Creuser en son centre une fontaine. Saler, puis délayer en versant l'eau par petites quantités jusqu'à l'obtention d'une pâte lisse et souple. Votre pâte primaire est ainsi obtenue.

Fariner votre marbre (ou planche à pâtisserie) et y laisser reposer la boule de pâte (ou détrempe) un quart d'heure. Ensuite, travailler cette pâte avec les paumes des mains pendant cinq minutes puis reformer une boule. La peser et la laisser repo-

Pompes aux pommes du Périgord

ser trente minutes. Entre temps, peser un poids de beurre (à température ambiante) égal à la moitié de celui de la détrempe et le débiter en fines lamelles. Etaler ensuite votre détrempe au rouleau d'un mouvement régulier et toujours dans le même sens jusqu'à l'obtention d'une abaisse (pâte étalée) de un centimètre d'épaisseur.

Appliquer des lamelles de beurre sur les deux tiers de la surface de l'abaisse sans tenter de les incorporer à la pâte. Plier la partie non recouverte de beurre sur la moitié de la partie beurrée. Replier la troisième partie sur les deux premières (en portefeuille).

Faire pivoter la pâte d'un quart de tour à droite sans la retourner et l'étirer en deux ou trois coups de rouleaux très légers (c'est ce qui s'appelle donner un premier tour). Placer au frais pendant vingt minutes. Sortir la pâte, la travailler à nouveau au rouleau lentement, très légèrement et toujours dans le même sens jusqu'à l'obtention d'une bande de un centimètre d'épaisseur. Recommencer un tour (1, 2, 3, 4), étirer au rouleau deux fois légèrement puis placer au frais. Répéter jusqu'à six fois la même opération.

Votre pâte feuilletée est prête (il est conseillé de préparer cette pâte la veille et de la laisser reposer au frais dans un papier absorbant pendant la nuit).

Préparation des pompes aux pommes:
2 belles pommes acidulées
250 g d'amandes effilées
200 g de sucre
1 décilitre d'huile d'arachide ou de noix
1 pincée de sel
1 œuf entier battu

Partager en deux la masse de pâte feuilletée. Etaler séparément au carré chaque pâton jusqu'à obtention d'abaisses d'un quart de centimètre d'épaisseur. Dans chaque abaisse, découper quatre rectangles égaux de pâte.

Montage:

Sur une tôle à pâtisserie bien huilée, déposer deux premiers rectangles côte à côte. Huiler soigneusement leur surface au pinceau, saupoudrer de sucre puis d'amandes effilées. Recouvrir chaque partie d'un deuxième rectangle. A nouveau huiler et saupoudrer de sucre puis disposer sur toute leur surface de fines lamelles de pommes. Recouvrir d'un troisième rectangle de pâte, huiler, sucrer et disposer un mélange d'amandes effilées et de pommes émincées. Placer sur le tout le dernier rectangle de pâte, dessiner avec la lame d'un couteau les motifs de votre choix, parsemer de quelques amandes effilées. Dorer à l'œuf entier battu, mélangé d'un peu de sucre. Cuire à four moyen 25 à 30 minutes.

Soufflé au kirsch

SOUFFLÉ AU KIRSCH

70 g de beurre
50 g de farine
25 cl de lait
100 g de sucre (roux de préférence)
5 jaunes d'œufs (œufs de 70 g environ)
6 blancs d'œufs montés en neige
1 cuillère à café de concentré liquide de vanille naturelle
10 cl de kirsch d'Alsace

Faire bouillir le lait additionné du sucre et de la vanille. Entre temps, dans une casserole à fond épais, ramollir 50 g de beurre, et y ajouter en pluie la farine sans cesser de tourner avec une spatule de bois. Mettre à feu doux, et lorsque

Tarte au fromage blanc

le mélange beurre farine commence à mousser, verser dessus en fouettant le lait vanillé bouillant. Porter à nouveau à ébullition (sans cesser de fouetter) puis couper les feux. Le mélange ayant légèrement refroidi, incorporer les jaunes d'œufs et y verser le kirsch. Laisser refroidir encore 10 minutes. En attendant, monter les blancs en neige ferme. Beurrer et sucrer copieusement un moule à soufflé (faire adhérer du sucre semoule roux au beurre réparti sur les parois), cette opération étant réalisée, mêler délicatement les blancs d'œufs à la pâte vanillée. Verser le tout dans le moule jusqu'aux trois-quarts de sa hauteur. Cuire 20 à 25 minutes à feu modéré (thermostat 5 à 6) pour permettre au soufflé de prendre toute son ampleur. Servir immédiatement.

TARTE AU FROMAGE BLANC

Préparation de la pâte (pâte brisée):
300 g de farine de froment
150 g de beurre
8 à 10 g de sel fin
1 cuillère à soupe de sucre en poudre
1 œuf entier battu

Placer la farine dans une terrine. Creuser en son centre une fontaine et y mettre le beurre ramolli (en menus morceaux), le sucre, le sel, l'œuf battu. Mélanger délicatement les éléments, petit à petit du bout des doigts. Lorsque les éléments sont mêlés, former une boule de pâte, puis la fraiser (cette opération consiste à travailler la pâte dans la paume des mains, par petits morceaux afin de la rendre bien lisse). Rassembler les pâtons ainsi obtenus, puis recommencer l'opération précédente. Faire ensuite une grosse boule de pâte et laisser reposer au frais pendant quelques heures dans un linge légèrement fariné.

Préparation de la pâte:
la pâte préparée précédemment et bien reposée
400 g de fromage blanc à 60 % de matière grasse
50 g de farine tamisée
5 œufs (dont vous séparez les blancs et les jaunes)
100 g de sucre de canne roux
1 cuillère à café d'extrait de vanille naturelle ou à défaut une gousse de vanille pilée
le jus d'un petit citron

Etaler la pâte sur une planche ou un marbre à pâtisserie légèrement fariné (5 mm environ d'épaisseur). Beurrer soigneusement votre moule et y disposer la pâte. Piquer le fond en plusieurs endroits avec une fourchette et sai-

Tarte aux amandes

sir à four moyen pendant 20 minutes.

Pendant la cuisson de la pâte, mêler intimement au fouet le fromage blanc, le sucre, les jaunes d'œufs, le jus de citron et la farine. Battre les œufs en neige et les incorporer délicatement à cette préparation. Verser dans le moule sur la pâte prédorée et remettre au four chaud pendant 30 à 40 minutes selon hauteur du moule.

Lorsque vous sortez la tarte du four la retourner à plat sur une grille à pâtisserie pour éviter le tassement du fromage blanc, et obtenir ainsi une belle surface lisse après refroidissement. La remettre à l'endroit pour servir.

TARTE AUX AMANDES

pour 6 à 8 personnes

Préparer une pâte brisée (cf. recette de la tarte au fromage blanc) et la laisser reposer au frais quelques heures.

Etaler la pâte sur une planche à pâtisserie légèrement farinée jusqu'à obtention d'une abaisse régulière d'un demi cm d'épaisseur. Beurrer soigneusement un moule à tarte et y disposer la pâte. Piquer le fond en plusieurs endroits avec une fourchette et mettre à four moyen (thermostat 6) environ 20 minutes.

Préparation de la garniture:
confiture d'abricots
125 g de sucre en poudre
3 œufs
150 g de poudre d'amande
60 g de beurre

Lorsque la pâte brisée n'est pas encore trop dorée, la retirer du four. La couvrir d'une mince couche de confiture d'abricots puis de la pâte préparée de la manière suivante: séparer le blanc du jaune de deux des œufs, mettre dans une terrine les deux jaunes, l'œuf entier et le sucre. Travailler le tout quelques minutes avec une cuillère en bois jusqu'à ce que le mélange soit mousseux. Ajouter la poudre d'amandes, tourner, puis battre les blancs en neige très ferme. Les mêler délicatement au mélange précédent. Y incorporer le beurre que vous aurez préalablement fait fondre. Répartir régulièrement la pâte ainsi obtenue au-dessus de la couche de confiture d'abricot. Parsemer éventuellement le dessus du gâteau avec quelques amandes entières. Faire cuire à feu doux (thermostat 5 à 6) 30 minutes environ.

TARTE AUX QUETSCHES

6 à 8 personnes

Préparer une pâte brisée (cf. recette de la tarte au fromage blanc) et la laisser reposer au frais quelques heures.

Préparation de la tarte:
la pâte préparée précédemment et bien reposée
1 kg de quetsches saines et fermes
100 g de sucre en poudre roux
2 œufs entiers
5 cl de lait
1 cuillère à café d'extrait de vanille naturelle et un flacon de cannelle en poudre

Dénoyauter les quetsches et les couper en deux dans le sens de la longueur, les garder au frais.

Etaler la pâte sur une planche à pâtisserie légèrement farinée jusqu'à obtention d'une abaisse régulière d'un demi-centimètre d'épaisseur. Beurrer soigneusement le moule à tarte et y disposer la pâte. Piquer le fond plusieurs fois avec une fourchette et saisir à four moyen pendant 20 minutes. Entre temps, préparer le flan qui prendra place sous les fruits de la manière suivante: battre les œufs avec le lait, la vanille et le sucre. Lorsque la pâte est légèrement durcie, verser sur celle-ci le mélange précédemment préparé et remettre au four jusqu'à ce que celui-ci ait pris la consistance du flan, sans toutefois dorer. Sortir alors du four et disposer vos quetsches sur le flan par rangées concentriques successives en alternant pour chacune le côté de présentation des demi-fruits (cf. photo). Remettre au four chaud pendant 20 minutes. Sortir votre tarte et la saupoudrer avec 70 g restant de sucre. Remettre au four 5 minutes. Laisser refroidir, puis saupoudrer légèrement de cannelle avant de servir.

Cette recette est applicable aux myrtilles, la cannelle, étant, évidemment, dans ce cas exclue.

Tarte aux quetsches

TARTE CHAUDE NORMANDE

6 à 8 personnes

Préparation de la pâte (pâte brisée)
200 g de farine de froment
100 g de poudre d'amandes
150 g de beurre
8 à 10 g de sel fin
1 cuillère à soupe de sucre en poudre
1 œuf entier battu
15 à 20 cl d'eau

Placer les différentes farines dans une terrine.

Creuser en leur centre une fontaine et y placer le beurre ramolli (en menus morceaux), le sucre, le sel, l'œuf battu puis l'eau.

Mélanger délicatement les éléments petit à petit du bout des doigts. Lorsque l'intégralité des farines est mêlée aux autres éléments, faire une boule de pâte puis la fraiser (cette opération consiste à travailler la pâte dans la paume des mains; par petits morceaux afin de la rendre bien lisse).

Rassembler les pâtons obtenus puis recommencer l'opération précédente.

Faire ensuite une grosse boule de pâte et laisser reposer au frais pendant quelques heures dans un linge légèrement fariné.

Préparation de la tarte:
la pâte préparée précédemment et bien reposée
2 kg de pommes rustiques dont:
1 kg coupé en tranches régulières
1 kg en compote fondue au beurre (100 g de beurre, 150 g de sucre et 1 gousse de vanille)
200 g de sucre
15 cl de calvados
25 cl de crème
1 jaune d'œuf battu

Etaler la pâte sur une planche à pâtisserie légèrement farinée (1/2 cm d'épaisseur).

Beurrer soigneusement le moule à tarte et y disposer la pâte:

Piquer le fond plusieurs fois avec une fourchette et saisir à four moyen pendant 20 mm.

Sortir et garnir de la compote puis des tranches de pommes disposées en cercles concentriques.

Arroser de calvados tiédi (10 cl) puis flamber.

Dorer les rebords avec un jaune d'œuf battu puis cuire à four chaud 30 mn.

Entre temps avec le reste de sucre (parfumé avec 5 cl de calvados) préparer un caramel roux.

Lorsque la tarte est cuite et bien dorée, napper de caramel et servir avec une jatte de crème fouettée.

GLACE À LA FRAMBOISE

500 g de framboises
25 cl de crème fraîche
200 g de sucre
2 blancs d'œufs

Dans un bol à mixer, réduire en purée les framboises, les additionner de la quantité de sucre prévue (plus ou moins selon le degré de maturité des fruits). Battre les blancs d'œufs en neige, les réserver. Entre temps, mélanger la crème fraîche aux fruits sucrés en fouettant légèrement. Ajouter doucement en soulevant avec une spatule en bois les blancs en neige. Mettre à glacer au moins trois heures.

GLACE AU CASSIS

250 g de cassis en purée
25 g de cassis en grains
200 g de sucre
25 cl de crème fraîche
2 blancs d'œufs
un filet de citron

Dans un bol à mixer, réduire en purée les 250 g de cassis. Ajouter le sucre. Battre les blancs d'œufs en neige. Les réserver. Entre temps, mélanger la crème fraîche aux fruits sucrés en fouettant légèrement. Incorporer doucement en soulevant avec une spatule en bois les blancs en neige. Aciduler d'un filet de citron et répartir les grains de cassis entier avant de mettre à glacer au moins trois heures.

Tarte chaude normande

TABLE DES MATIÈRES

Cet ouvrage a été imprimé par l'Imprimerie Pollina à Luçon (85) - n° 64592 - B
Broché : I.S.B.N. 2.7373.1274.4 - Dépôt légal : avril 1993 - N° éditeur : 2613.02.03.04.94
Cartonné : I.S.B.N. 2.7373.1277.9 - Dépôt légal : avril 1993 - N° éditeur : 2616.01.06.04.93